Esperanza en Tiempos de Oscuridad

Experiencia de un Salvadoreño Americano

Randy Jurado Ertll

Hamilton Books
A member of
The Rowman & Littlefield Publishing Group
Lanham • *Boulder* • *New York* • *Toronto* • *Plymouth, UK*

Copyright © 2010 by
Hamilton Books
4501 Forbes Boulevard
Suite 200
Lanham, Maryland 20706
Hamilton Books Acquisitions Department (301) 459-3366

Estover Road
Plymouth PL6 7PY
United Kingdom

Library of Congress Control Number: 2010927379
ISBN: 978-0-7618-5195-0 (paperback : alk. paper)
eISBN: 978-0-7618-5196-7

Originally published in English as *Hope in Times of Darkness:
A Salvadoran American Experience.* Hamilton Books, 2009.

.

∞™ The paper used in this publication meets the minimum
requirements of American National Standard for Information
Sciences—Permanence of Paper for Printed Library Materials,
ANSI/NISO Z39.48-1992.

Para los niños y jovenes que tienen sueños y esperanzas para un mejor mañana

Contenido

Prólogo por Ramón C. Cortines

El viaje de Randy Jurado Ertll no ha sido fácil. Se crió en El Salvador y en el Sur Centro de Los Angeles. Vivió en lugares peligrosos y violentos. Superó muchos obstáculos y con la ayuda del programa de becas *A Better Chance* se enfocó en obtener una buena educación en el Distrito Escolar Unificado de Los Angeles. Cuando se fue a estudiar a Rochester, Minnesota, dejó en Los Angeles a su madre y dos hermanas menores. Pero era necesario que se fuera para huir de la atracción que ejercían sobre él las pandillas.

Randy Jurado Ertll es un ejemplo de cómo jóvenes que crecen en el Sur Centro de Los Angeles pueden culminar sus estudios profesionales exitosamente para luego regresar a sus comunidades, donde se dedicarán a mejorar de una manera significativa la vida de otros. Comprometido con la justicia social, ha hecho un excelente trabajo como director ejecutivo de El Centro de Acción Social, donde ayuda a innumerables estudiantes y a personas de la tercera edad con programas de servicio social.

Randy Jurado Ertll ha sido testigo de mucha violencia e injusticias. En lugar de ser intimidado, renunciar a todo y huir, se defendió y luchó por los derechos de los demás. Emprendió así un viaje agotador y exigente, pero lleno de significado. Necesitamos más dirigentes comunitarios como él para seguir promoviendo los cambios sociales.

Su historia trasciende la experiencia salvadoreña en Estados Unidos. Es una historia universal y genuina, de vida perseverante, de valentía. Como mexicanoamericano, comprendo sus sueños, luchas y esperanzas. Miles de jóvenes estudiantes se identifican con su historia personal. Ellos, con la lectura de este texto, conocerán mejor las oportunidades que existen para ayudarlos a avanzar. Nuestros estudiantes deben estar al tanto de los diversos programas disponibles para su éxito, porque no podemos permitir que nuestros hijos abandonen sus estudios ni que se unan a las pandillas.

Nuestros jóvenes deben buscar el camino del conocimiento. Como Superintendente del Distrito Escolar Unificado de Los Angeles aplaudo los esfuerzos de Randy de informar a nuestra comunidad por medio de este libro perspicaz y poderoso. Tenemos que enseñarles a nuestros niños que hay "Esperanza en tiempos de oscuridad."

Ramón C. Cortines
Superintendente del Distrito Escolar Unificado de Los Angeles
(LAUSD. Tambien trabajo como asesor para la administración del Presidente Bill Clinton

Agradecimientos

Me gustaría agradecer a mis amigos/as que me han apoyado durante la trayectoria que culminó en este libro. Gracias al personal de El Centro de Acción Social en Pasadena. Los miembros de mi familia.

Gracias a todos mis amigos que me han ayudado a lo largo del camino y que creen en el potencial pleno de los niños, independientemente de sus antecedentes.

Por último, quisiera agradecer especialmente a Hamilton Books (Rowman & Littlefield Publishing Group) por aceptar mi manuscrito. Escribir es un acto solitario y tiene que ser hecho con pasión; no es para los débiles de corazón. Gracias a las personas que leyeron mi manuscrito y que proporcionaron información. Gracias a todos los otros miembros de la familia y amigos que no he tenido la oportunidad de incluir o mencionar en este libro. Pero ellos saben que estan en mi mente y corazon.

Que Dios los bendiga y gracias por creer en mí.

Introducción: Crecer en el Sur Centro de Los Angeles

El Sur Centro de Los Angeles fue mi comunidad. En la década de 1980, cuando asistía allí a la escuela secundaria, era frecuente la violencia de las pandillas y el respeto hacia los maestros, inexistente. Mi vida consistía en tratar de evitar ser víctima de un conflicto sin sentido en la calle.

Me sumergí en los libros, la lectura y la escritura. El primer triunfo lo obtuve en el octavo grado. Gané un concurso de ensayos escolares que tenía un premio de cien dólares. Mi tema fue la vida de George Washington Carver, el científico y educador afroamericano, nacido esclavo, que revolucionó la agricultura de Estados Unidos. Mi madre estuvo muy orgullosa de mis logros y hasta donde había llegado.

Era indudablemente un logro. Nací en Los Angeles. Cuando tenía ocho meses de edad, agentes de inmigración federales arrestaron a mi madre. Nos deportaron a El Salvador. Aunque yo era ciudadano natural de Estados Unidos, ella no tuvo más remedio que llevarme a su tierra natal. Permanecimos allí cinco años. Ya de regreso al país, en la escuela se me consideraba un inmigrante. Aprendí a leer y escribir inglés recién en el cuarto grado de estudios.

Años después, en la escuela intermedia, invitaron a algunos alumnos a asistir a un taller sobre el programa nacional *A Better Chance*, o ABC, que ofrecía becas para asistir a las mejores escuelas secundarias del país. En esa misma época yo resistía demandas de mi entorno para incorporarme a una pandilla. El programa ABC era mi gran oportunidad para huir de Los Angeles.

Presenté una solicitud de admisión a la Academia Deerfield de Massachusetts. Poco después llegó la carta de respuesta de ABC: mí solicitud había sido rechazada. Escribí de nuevo, esta vez una carta en manuscrito, para preguntar las razones. Habían creado una esperanza para mí y luego me la aplastaron, les dije. *Sálvenme*, les rogué. Al poco tiempo me llamaron por teléfono: era la gente de ABC. Aquella conversación sigue viva en mi memoria. Dijeron que había sido aceptado en el programa después de todo y que podría asistir a una escuela en la ciudad de Rochester, Minnesota.

Llegó el boleto de avión. Me fui de Los Angeles, dejando detrás a mi madre y mis dos hermanas. Fue desgarrador para todos. Como único hijo varón de la familia, me consideraba obligado a protegerlas, aunque la realidad era que ni siquiera podía protegerme a mí mismo.

Con la excepción de un chico mexicoamericano proveniente del Este de Los Angeles, casi todos mis compañeros de residencia en Minnesota eran afroamericanos. Pasamos por momentos difíciles al tratar de aceptarnos. En el Sur Centro de Los Angeles, afroamericanos y latinos competían entre sí por los escasos recursos económicos y políticos, pero en la escuela secundaria John Marshall en Rochester tuvimos que aprender a compartir, respetarnos y cuidarnos unos a los otros. También sentía afinidad con los directores de mi casa, que eran blancos. Allí no importaban las razas.

En 1991, casi en vísperas de la graduación, leí que Occidental College, una universidad en Eagle Rock, Los Angeles, enfatizaba el aprendizaje de temas multiculturales. Me postulé y me aceptaron. En 1995, me gradué de Occidental College con distinción, especializado en ciencias políticas con énfasis en lengua española.

En una etapa crítica de mi vida, el programa *A Better Chance* me extrajo de mi comunidad para prepararme para la universidad. Me dio seguridad, me inculcó que tenía la capacidad de hacer lo que me propusiera. Nadie podía hacerme sentir inferior. En un país construido por los inmigrantes, he aprendido a estar orgulloso de mi familia inmigrante.

A Better Chance hizo mis sueños de niño en el Sur Centro realidad. Para mi familia y mi comunidad, me convertí en un modelo. Posteriormente, trabajé en el movimiento ecologista, en defensa de los derechos de los inmigrantes, y como director de comunicaciones y asistente legislativo de la congresista (y hoy Ministra de Trabajo) Hilda Solís en Washington D.C. Cada una de mis acciones contribuyó a formar lo que hoy soy.

Ahora vivo en Pasadena. Aquí, algunas zonas no son distintas al Sur Centro de Los Angeles. Las luchas de muchos de los estudiantes que veo a diario me recuerdan otros similares, las que yo pasaba. La tarea de los distritos escolares públicos es ofrecerles una mejor oportunidad, una educación de buena calidad y esperanza, sin que tengan que viajar al otro lado del país para poder obtenerla: los niños no tendrían que huir de Los Angeles para recuperar la esperanza.

Publicado en el diario Los Angeles Times

Capítulo uno

La historia de un salvadoreño americano

Huir de una guerra civil para aterrizar en otra no es lo que espera un niño de cinco años de edad.

Mi madre sufrió muchas dificultades. Ninguna fue tan terrible como cuando la deportaron a El Salvador llevando en brazos a un bebé de ocho meses. Había sido arrestada mientras trabajaba en una fábrica en el centro de Los Angeles por agentes federales de inmigración, a quienes no les interesó en lo más mínimo que tenía un bebé. Las leyes de inmigración eran y siguen siendo inhumanas.

Me dijeron que cuando aterrizamos en El Salvador, mis abuelos nos esperaban y que yo extendí mis brazos para abrazar a mi abuelo. Hoy no puedo recordar su cara; falleció pocos años después. Pero sí recuerdo sus enseñanzas sobre el amor, la humildad y el trabajo arduo. Fue la versión salvadoreña de César Chávez. Creía en la equidad y la justicia para la clase trabajadora. Todavía recuerdo su funeral y que arrojé a su tumba un puñado de tierra, a modo de decir adiós.

Mis abuelos tenían once hijos aparte de mi madre. Mi abuelo era carpintero y agricultor. Trabajó la tierra toda su vida y crió a sus hijos e hijas bajo condiciones de extrema dificultad. Fue un hombre de honestidad e integridad. Mi abuela representa la lucha de la mujer salvadoreña, siempre trabajando para mantener a sus hijos. La cruel guerra civil se llevó uno de ellos: mi tío fue torturado y luego asesinado. Jamás hallaron su cuerpo. Hasta el día de hoy, mi abuela espera su regreso preguntando una y otra vez "¿dónde está mi hijito?"

Hace siglos, los colonizadores españoles establecieron un sistema de explotación basado en la propiedad de grandes parcelas de tierra donde los indígenas y mestizos de la clase campesina trabajaban bajo condiciones agotadoras para sólo sobrevivir. Pero los indígenas de El Salvador (los pipiles) resistieron durante muchos años la conquista española, mientras otros pueblos ya habían sido convertidos al catolicismo y aceptado las tradiciones impuestas. Desafortunadamente, los soldados españoles estaban mejor armados, transmitían enfermedades fatales y finalmente vencieron a los pipiles. A pesar de la derrota, los pipiles, ahora salvadoreños, conservaron su indómito espíritu de resistencia.

Después de ganar su independencia de España y durante breves años, los cinco países de Centroamérica estuvieron unidos en una federación, que poco después se desmembró. Los países de la Federación Centroaméricana adoptaron los ejemplos de la política y economía de España, donde dominaban unos pocos individuos ricos, los oligarcas, propietarios de la mayoría de las tierras, para crear una desigualdad de clases. Esta estructura se repitió y afianzó durante el siglo XX y rige hasta la actualidad en El Salvador.

Con esa base y un desarrollo económico insuficiente, el decenio de 1970 fue marcado por la desesperación y la crisis energética de Estados Unidos que significó el fin del financiamiento de programas de desarrollo estadounidenses que beneficiaban a los ciudadanos más desfavorecidos de El Salvador. Entre ellos estaba la *Alianza para el Progreso*, que había creado el Presidente Kennedy con el propósito de proporcionar alimentos y otros recursos básicos a los países más pobres de América Latina para contrarrestar la influencia comunista. Los gobiernos de estos países habían tenido que implementar políticas y reformas impuestas por los Estados Unidos. Algunos, sin embargo, se negaron a aplicar algunas reformas. Además, los recursos de la *Alianza para el Progreso* fueron desviados para ayudar a financiar la guerra en Vietnam. El programa llegó a su fin en 1973.

Durante esa década miles de jóvenes estudiantes, profesores, intelectuales, trabajadores y campesinos se sintieron cada vez más decepcionados del gobierno salvadoreño. Varios futuros comandantes de la guerrilla del FMLN (Frente Farabundo Martí para la Liberación Nacional) eran aquellos estudiantes que asistían a la Universidad Nacional de El Salvador o UCA (Universidad Centroamericana), que tenía influencia jesuita. Allí se involucraron políticamente en un esfuerzo por mejorar las vidas de los más desfavorecidos.

Mientras muchos creían que estos hombres y mujeres jóvenes eran influidos por las teorías socialistas y comunistas de Rusia, China, Vietnam o Cuba, otros consideraban que estos jóvenes intelectuales simplemente buscaban una sociedad más justa. Aún así, muchos activistas políticos creían que la justicia social solamente podía lograrse a través de la lucha armada. Una gran cantidad de ellos perdió la vida en su lucha por lograr un cambio político acorde con sus ideologías.

Esta guerra significó doce años de muerte y destrucción que dejó momentos imborrables para todos los salvadoreños. Todos ellos, de una u otra manera, sufrieron el dolor de perder a algún ser querido. Muchos guerrilleros en toda América Latina se habían enamorado de las teorías políticas de Fidel Castro y el Che Guevara. Después se supo que la muerte de "El Che" se debió a una traición en Bolivia. Che creía en la ayuda al desválido, al que menos tiene, y dio su vida por la revolución. Su muerte fue cruel y solitaria.

Las guerrillas salvadoreñas generalmente no tomaron en cuenta que en Estados Unidos un presidente republicano, Ronald Reagan, iba a determinar el curso de su política exterior en la próxima década. Reagan no tenía paciencia para los llamados agitadores comunistas y estaba dispuesto a hacer cualquier cosa para detener esa amenaza. Reagan llegó a conocerse como un líder dispuesto a utilizar cualquier tipo de fuerza para detener el comunismo.

Yo era un niño en aquellos años; mi mundo era un lugar mágico lleno de árboles, pájaros, montañas y un hermoso arroyo que corría cerca de nuestra casa en el campo de Usulután, El Salvador. De vez en cuando mi madre me llevaba a San Salvador mientras trabajaba en los Almacenes Siman, pertenecientes a una familia de inmigrantes de Palestina. Muchos inmigrantes palestinos y libaneses (del medio oriente) se establecieron en El Salvador y son famosamente conocidos como "los turcos." Mi madre, con su ejemplo, me enseñó la ética del trabajo arduo, a ser una persona honesta y a creer siempre en mí mismo.

Todavía recuerdo el olor de los frijoles fritos, nuégados del Mercado Central y el olor a diesel de los autobuses, de la fusión de los olores del mercado y las señoras que gritaban a todo cuello sus ofertas. Algunas de ellas siguen trabajando en el Mercado hasta el día de hoy. Por supuesto, han envejecido. Se puede ver como el sol ha arrugado su piel y la guerra civil se llevó su optimismo.

El Salvador sigue siendo un país animado y activo. Su gente tiene reputación de fuerte y trabajadora, por lo que Japón, Taiwán y otros países han invertido para sacar el máximo partido de su mano de obra barata y eficiente. Por supuesto, uno podría argumentar que los pobres son explotados mientras las empresas multinacionales y los inversores extranjeros se enriquecen con su labor.

La mentalidad de la colonización y la explotación económica no han cambiado mucho desde la llegada de los españoles. Miles de salvadoreños son explotados en las maquilas, donde se les obliga a trabajar muchas horas con poca remuneración y ningún beneficio. Eso es lo que ha creado el capitalismo global. A la mayoría de los trabajadores se les paga menos de cinco dólares por día. Nada de seguro médico ni vacaciones. Muchos de los trabajadores de las maquilas denuncian un sinfín de violaciones. La explotación del pueblo salvadoreño tiene raíces históricas.

El Salvador se distinguió, entonces, como un país que inicialmente logró resistir la colonización española. Pero el derrame de sangre no terminó ahí.

En 1932, más de 30,000 indígenas fueron asesinados durante La Matanza. El general Maximiliano Martínez decidió ponerle un fin a la influencia y actividades comunistas y dar un ejemplo al haber capturado al lider campesino Farabundo Martí. Usó la amenaza del comunismo como excusa para erradicar a la gente indígena de El Salvador y para justificar el robo de sus terrenos.

La violencia de conquistadores españoles como Pedro de Alvarado en el siglo XVI fue repetida por el ejército salvadoreño en la década de 1930. Pedro de Alvarado fue un conquistador cruel y sin corazón. Disfrutaba de la tortura y muerte de la población indígena. Esa historia, cruel y violenta, creó las condiciones para lo que iba a venir en la década de 1980.

Afortunadamente para mí, mi madre ya había decidido traerme de vuelta a Estados Unidos. Pero antes de regresar a Estados Unidos, el 28 de febrero de 1977 asistimos a una protesta en la Plaza de Libertad. Aquel día, cientos de civiles inocentes fueron asesinados a tiros por los militares. Rápidamente retiraron todos los cuerpos. Usando mangueras, limpiaron la sangre de las aceras y calles. Al día siguiente el país seguía como si nada hubiera ocurrido. Los sobrevivientes no podían denunciar ni quejarse, porque de lo contrario correrían la misma suerte. Los escuadrones de la muerte ya existían en el decenio de 1970.

Mi madre se salvó de la masacre. Buscó la seguridad. Regresó a Estados Unidos para tratar de obtener su residencia permanente. La situación había cambiado desde su deportación. En 1965, el Presidente Johnson había firmado la Ley de Inmigración y Nacionalidad. El Presidente John F. Kennedy y el senador Edward Kennedy también tomaron parte en la aprobación de leyes favorables a los inmigrantes, una legislación histórica que benefició a millones de familias.

Bajo las nuevas leyes de inmigración vigentes y gracias a que yo había nacido en Estados Unidos, mi madre pudo obtener la residencia.

Mi mundo de los árboles, los pájaros, la naturaleza y la belleza desapareció en un instante aquel día de 1977. Mi abuelo ya había fallecido y mi abuela, tías y tíos no querían que yo volviera a Estados Unidos, pero mi madre insistió. Un día apareció sin previo aviso para traerme de vuelta aquí. Mi tía nos acompañó a la estación de autobuses. A partir de allí, seguimos solos al aeropuerto de San Salvador.

Todavía recuerdo que me llevaron a la estación de autobuses en El Tránsito con engaños. Lloré y acusé a mi tía de que no me amaba de verdad por haber permitido que me llevaran. De tanto llorar, me quedé dormido camino al aeropuerto de San Salvador.

Recuerdo subir al avión con mi madre y luego preguntarle por qué el avión no se movía. En el vuelo probé por primera vez la soda 7-Up. Estaba fascinado por las pequeñas burbujas que llenaban mi vaso. Me recordaban las chibolas o canicas de mis juegos en Usulután. Esas burbujas de aire me intrigaban. Antes de salir de San Salvador, le regalé todas mis chibolas a mi mejor amigo Albertito, quien había crecido conmigo en el vecindario conocido por el nombre de Mejicanos el cual está ubicado en San Salvador. Le dije que las guardase para que cuando yo volviera, podamos jugar juntos de nuevo. Pero Albertito desapareció durante la guerra civil, todavía niño. Es que los más jóvenes frecuentemente eran reclutados a la fuerza para combatir. Muchos fueron asesinados.

En el Aeropuerto Internacional de Los Angeles una tía nos recogió; fuimos a vivir con ella al bulevar Crenshaw, cerca de Wilshire. Yo estaba en una pesadilla. Me matricularon en un centro preescolar; yo lloraba todos los días porque ni comprendía ni hablaba el inglés. Los maestros no eran tolerantes y a veces me maltrataban. Uno de ellos me pegó cinta adhesiva en la boca para que dejara de llorar. Los adultos a veces pueden ser inhumanos y abusivos con los niños desamparados. No sabían que yo era un ciudadano de estadounidense, nacido en este país. Algunos maestros amenazaron con llamar a "la Migra", a los agentes de inmigración, para que me llevaran lejos, donde no les molestase mi llanto.

La tía con la que vivíamos estaba casada con un estadounidense muchos años mayor que ella. Por una "tarjeta verde", para obtener sus documentos legales, se sacrificó y vivió con Charles. El era un tacaño terrible. Todo lo guardaba bajo llave. Le exigía que comiera fruta podrida y que se bañara con la misma agua que él ya había utilizado.

A veces Charles me llevaba a la escuela, pero había días en que yo me negaba a ir. Un día trató de obligarme a permanecer en la escuela y accidentalmente le rompí uno de los botones de su camisa de manga larga.

En la puerta de mi jardín de infancia recuerdo la imagen de un payaso con globos coloridos. Yo odiaba aquel lugar. Aquella imagen no significaba la felicidad. Los payasos me daban mucho miedo. En San Salvador, algunos se vestían de payasos y subían a los autobuses para pedir dinero para poder comer y hacían chistes. En lugar de encontrarlos o graciosos, me asustaban.

En la escuela me imaginaba que podía volar lejos, como Superman. Tenía una chaqueta roja que con el uso de mi imaginación, me ayudaba a volar. Pero estaba atrapado y yo sabía que era una fantasía. Aquella escuela y una nueva familia me habían atrapado. Me hacía falta mi abuela, sus abrazos y su café. Me hacía falta verla con su delantal. Yo era su favorito. Mi familia me trataba como un príncipe, allí, en Usulután. Me queda la imagen de mi abuela llorando al darse cuenta que me iba. Sólo repetía "te quiero mucho, mi hijito".

Después llegué a Estados Unidos, sin protección y sin hablar inglés. Me faltaba el campo y la libertad de admirar la naturaleza. En Los Angeles estaba desprotegido.

Claro, mis recuerdos de El Salvador eran previos a la década de 1980. Ya habían ocurrido algunos enfrentamientos violentos, pero la guerra civil se hizo oficial en 1980, cuando los cinco grupos guerrilleros se unieron y declararon la guerra al gobierno. La temida pesadilla comenzó. El olor de la sangre y podredumbre, los cadáveres sin cabeza pronto llenaron las carreteras de este país que había sido hermoso. La guerra civil salvadoreña, la pesadilla, terminó oficialmente el 16 de enero de 1992, con la firma de los Acuerdos de Paz de Chapultepec en México.

Capítulo dos

El lado oscuro

Mi madre pensaba que había dejado la guerra atrás. Pero no pasó mucho tiempo y la reencontró en las calles de Los Angeles.

Después de vivir por un par de meses en la avenida Crenshaw y el bulevar Wilshire, tuvimos que mudarnos a la esquina de la Calle 41 y Hoover, en la tristemente célebre zona del Sur Centro, que hoy se conoce como el Sur de Los Angeles, el hogar de dos de las más grandes pandillas del país, los Crips y la Calle 18. Una de mis tías vivía allí y quería que fuésemos sus vecinos.

No sabíamos que nos mudábamos al "lado oscuro", nombre que respondía tanto a la elevada tasa de delincuencia como a la falta de alumbrado público. Fue un infierno. Durante la noche o la madrugada no se podía ver nada excepto lo que alumbraba la luna. Durante los fríos inviernos una brisa congelaba los huesos.

Era 1979. Semanas después de nuestra mudanza un *cholo* latino fue asesinado mientras hablaba desde un teléfono público. Mi madre cruzó la calle corriendo con una botella de alcohol en la mano para darle primeros auxilios. El lloraba con una terrible desesperación y buscaba a su madre. Minutos después murió. Yo tenía seis años; iba al primer grado. No podía comprender lo que había ocurrido, pero todos a mí alrededor estaban paralizados del horror. Pero poco a poco, la violencia se convirtieron en una rutina en mi vecindario. El temor y la confusión en nuestras vidas se asentaron permanentemente. Muchas familias tenían que dormir sobre los pisos de sus casas por los frecuentes tiroteos entre diferentes pandillas que ocurrían casi todas las noches. En este ambiente de incertidumbre la juventud se enfrentaba con problemas que no correspondían a su corta edad. Si los confrontaban, o bien terminaban vencidos o se hacían más fuertes. En un vecindario violento, la mayoría de los niños adoptan una actitud de supervivencia, de desafío. Algunos, ya a una temprana edad empiezan a decir "si te metes conmigo, moriras". El concepto de respeto cambia de significado, toma una ruta diferente, en medio de la violencia y de las actitudes de resistencia, con la supervivencia como único fin.

Mi madre me matriculó en la escuela primaria Menlo Avenue, bajo el nombre de Randy Jurado. Esa fue mi identidad: Jurado, mi lado *salvatrucha*, *guanaco*. El término "guanaco" se utiliza de manera despectiva con la intención de insultar. Pero también puede ser positivo, como "el orgullo guanaco".

El lado Ertll, el de mi padre, desapareció de mis documentos, aunque la secretaria de la escuela Menlo lo vio impreso en mi certificado de nacimiento. No le hizo caso. Recién en la escuela de Rochester, Minnesota, un empleado de la oficina del distrito escolar tuvo la delicadeza de inscribirme bajo mi nombre correcto.

En Menlo me asignaron a la la clase de la señora Bailoff, una maestra anciana y afroamericana, al igual que el 90% de mis compañeros de clase. Los latinos Cynthia y Ricky se convirtieron en mis intérpretes. Y estaba Mike Lee, el único estudiante asiático, que soñaba con algún día ser juez.

Yo ya no lloraba todos los días. Casi lo he olvidado, pero fui expulsado de otra escuela primaria, en la esquina de la calle 76 y la avenida Figueroa, por llorar demasiado. Ni los maestros ni el director podían comprender mi dolor. No sabían qué era haber sufrido la deportación o ser discriminado por desconocer un lenguaje. Estaban acostumbrados a enseñar a los nativos y no querían ser perturbados por los cambios demográficos que, aunque aún los ignorasen, estaban por llegar.

Logré aprender un poco de inglés y me pude comunicar con otros alumnos en la clase de la señora Bailoff. Empecé a mejorar en matemáticas. La señora Bailoff era maravillosa. Me animó a ponerle todas mis ganas al estudio, aunque un día me pegó en la mano con una regla después de que me vio romper tres lápices.

Yo le presumía a Cynthia al romper los lápices. Me gustaba Cynthia, mi primer amor infantil en la escuela primaria. La señora Bailoff tenía el estilo de enseñanza anticuado, que incluía pegarles a sus estudiantes con reglas o con una paleta. Eso fue lo que recibí por tratar de impresionar a las niñas de mi clase.

Este recinto escolar, próximo al Coliseo de Los Angeles y a la Universidad del Sur de California fue escenario de mis primeros esfuerzos por integrarme. En el segundo grado, seguía esforzándome para aprender a leer y escribir en español y al mismo tiempo en inglés. Ahí me enamoré de mi maestra de segundo grado, la señora Tom, una mujer asiático americana. Yo sabía de la cultura asiática sólo por lo que había visto en El Salvador en la serie japonesa televisiva "Ultraman" y en las películas de Bruce Lee.

Mi vida dio un giro para bien en el tercer grado, cuando me registré a la clase del señor Patrick O'Brien. Era un maestro nuevo, anglo, bilingüe, que acababa de trasladarse del estado de Washington a Los Angeles. Tenía el pelo rubio y rizado; sin duda, era de ascendencia irlandesa. Estaba al tanto de las luchas de los niños inmigrantes y de las de los afroamericanos. Le encantaba hablar en español, sobre los Beatles y camping. Todavía le encanta.

Se preocupaba por el dolor emocional de cada alumno, ya sea latino o afroamericano o de cualquier otra raza o grupo étnico. Sus antepasados habían pasado por muchos sacrificios en Irlanda. Con el Sr. O'Brien finalmente aprendí a leer y escribir en español y en inglés. Se convirtió en un modelo para mí y en un amigo de mi familia y lo sigue siendo hasta el día de hoy. Me seleccionó para el programa de dotados y talentosos. Para muchos de nosotros, el aula de clases del Sr. O'Brien era un refugio. Preferíamos quedarnos en nuestros salones de clase que volver caminando a nuestras casas. El vecindario era una selva. O más bien, un infierno. Definitivamente no era el apacible y limpio barrio del show "Leave it to Beaver." Aprendí del Sr. O'Brien que un maestro puede influir de mil maneras en las vidas de sus alumnos. Años después traté de emular su ejemplo.

Al comienzo del cuarto grado de estudios, mi familia se mudó a Huntington Park. Me opuse. Quería mudarme al Este de Los Angeles, no al sudeste de la ciudad, porque me habían dicho que las niñas eran más bonitas en el este. Pero hacia allá fuimos y esa mudanza, junto con el abandono de la escuela de la avenida Menlo, terminó siendo una experiencia desastrosa. En total, nos mudamos más de 30 veces durante mi niñez, en busca de tranquilidad y de menos violencia. Pero las cosas no cambiaron mucho de un lugar a otro.

Cuando llegamos a Huntington Park, empecé a notar las diferencias entre los distintos grupos latinos. La diferencia radicaba en su estado migratorio, su situación económica, la cultura, el idioma, incluso en la variedad de acentos y uso del lenguaje. Allí, mis compañeros hispanos de otros orígenes comenzaron a burlarse de mi manera de hablar, por la mezcla del acento salvadoreño y afroamericano. Yo usaba "vos" en lugar de "tu". También era diferente físicamente, debido a mi ascendencia francesa y húngara por parte de mi padre. Estoy orgulloso de esas raíces, pero en Los Angeles, especialmente en el Sur Centro, es raro encontrar familias de Francia o Hungría y fortalecer esa parte de mi cultura. Me tuve que adaptar y absorber las culturas que predominaban en los vecindarios donde había vivido. Sólo conocí a un solo chico húngaro *magyar* en un programa veraniego de la escuela secundaria John Adams y a otro chico de raices francesas.

Aunque pensé que la vida iba a mejorar para mí al aprender inglés, la realidad fue diferente. Tuve una maestra llamada la señora Jones en la escuela primaria de Malabar, en Huntington Park, quien una vez me preguntó . . . ¡si había asistido a una escuela para perros! Su pregunta derivó de la creencia de que yo no hablaba inglés correctamente porque no sabía resolver varios problemas de matemáticas. Todavía recuerdo mi anhelo de tener en esa escuela otro maestro modelo como el Sr. O'Brien, pero sólo encontré a docentes insensibles a las necesidades de los niños de bajos ingresos.

En 4 ° grado los *graffitis* me llamaban poderosamente la atención. A lo largo de la Avenida Florence veía por todos lados la inscripción "F13". Era una abreviatura de la pandilla Florencia 13. Sabía que era diferente de lo que había visto en Sur Centro, donde solía ser una referencia a la pandilla de la Calle 18. Pero no supe lo que significaba hasta el quinto grado, cuando algunos de mis compañeros comenzaron a afiliarse a pandillas y eran por lo mismo atacados a golpes.

Poco después mi familia decidió volver al Sur Centro y vivir cerca de la Calle 41 y la Hoover. Regresé entonces a mi escuela anterior, la Menlo, y me pusieron otra vez en la clase de cuarto grado del Sr. O'Brien. Sentí que había vuelto al paraíso. Coreábamos canciones de Navidad y amenizábamos la jornada a los estudiantes en las otras clases con nuestras serenatas. Me sentía protegido en la clase del Sr. O'Brien, aunque las calles eran un infierno y la violencia me rodeaba de día y de noche.

Luis, el hermanito de diez años de uno de mis mejores amigos, Miguel, fue golpeado un día en la escuela por otro estudiante por haberse negado a darle goma de mascar. Aquel mismo día, Luis decidió convertirse en miembro de la pandilla de la Calle 18. Años más tarde me enteré que estaba en la cárcel con una sentencia de cadena perpetua.

Empecé a notar como muchos de los jóvenes eran asesinados a tiros por otros pandilleros o enjuiciados y luego enviados a prisión por décadas o por todo el resto de sus vidas. La justicia juvenil y su sistema penitenciario no mejoran la calidad humana de estos hombres y mujeres. Muchos de ellos son golpeados y violados en la cárcel. A pesar de todo, sigo creyendo que nuestra juventud debe tener la oportunidad de mejorar sus vidas y convertirse en miembros productivos de la sociedad. Es una realidad conocida que cuando alguien sale de la cárcel, le es difícil regresar a la sociedad y la rehabilitación real, con educación y empleo, le es inaccesible. Peor aún: muchos presos salen de la cárcel en busca de venganza, lo que conduce a altos niveles de delincuencia y violencia. Quieren una revancha por el abuso físico y sexual que sufrieron en la cárcel. Otros miembros de pandillas pagan el precio y, a veces, lo pagan víctimas inocentes.

Cuando llegué a quinto grado, los estudiantes mexicanos ya no eran el único grupo de inmigrantes de habla hispana: un gran número de inmigrantes centroamericanos de El Salvador, Guatemala, Nicaragua, Belice y Honduras residían en aquel entonces en la zona del Sur de Los Angeles. Empecé a conocer a niños que acababan de llegar de El Salvador y Guatemala en la escuela Menlo y la comunidad circundante. La mayoría eran tristes y tímidos porque habían sido testigos de la brutalidad más inimaginable.

Mi mejor amigo aquellos días era un chico llamado Mark, de padres afroamericanos y mexicanos. Se identificaba con ambas culturas y su padre nos preparaba desayunos. En estos días me pregunto qué le habrá pasado a Mark. Nos cuidábamos el uno al otro. Tuvimos aventuras de niños inocentes a quienes les gustaba jugar juegos de vídeo, comprar hamburguesas y caminar alrededor del Sur Centro. Mark y yo nos convertimos en guardaespaldas de un anciano mexicano. Lo acompañábamos y protegíamos mientras él vendía naranjas en el Sur Centro. Aquel fue nuestro primer trabajo. Nos compraba almuerzo en Kentucky Fried Chicken y nos daba monedas para jugar juegos de video. La última vez lo vi fue cuando me mudé a Huntington Park. Todavía recuerdo sus ojos llenos de lágrimas, cuando se enteró que yo me iba. Nunca volví a ver a aquel vendedor ambulante. Más tarde, perdí el contacto con mi amigo Mark. Lo busqué después de que dejamos la escuela primaria, sin hallarlo jamás. Sólo supe que había sido reclutado a la nueva pandilla de la vecindad, los Street Villains, y que luego su familia se mudó al Valle de San Fernando, donde él pronto ingresó a otra pandilla.

Mark fue el primero de mis amigos que perdí; muchos otros le siguieron. Perder amigos de la infancia no es algo fuera de lo común, pero esto era diferente. Yo perdía a mis amigos al mundo de las pandillas uno tras otro.

Entre los inmigrantes recientes de El Salvador y Guatemala estaba Armando, un niño de Guatemala parecido al Increíble Hulk. Se convirtió en mi mejor amigo. Tenía una voz profunda para su edad y los otros niños se burlaban de él con crueldad. Lo que los otros niños no sabían era que a pesar de que sólo tenía 10 años, la guerra civil de Guatemala lo había endurecido. Había visto como los indígenas mayas fueron exterminados por las fuerzas militares y las Patrullas de Auto Defensa Civil – PAC, en sus aldeas. Armando era tan pobre que cuando estábamos a punto de graduarnos de sexto grado, confesó que carecía de ropa adecuada y no quiso asistir a la graduación. Le presté mi ropa. En la ceremonia de graduación cantamos "We Are the World" y "El mundo es un arco iris". Pero no hubo un arco iris cuando los niños fueron reclutados para convertirse en pandilleros en la escuela primaria, y algunos eran asesinados.

Al Distrito Escolar Unificado de Los Angeles (LAUSD) habían llegado, ya en aquel entonces, un gran número de estudiantes inmigrantes de diferentes orígenes y experiencias sociopolíticas. Estos estudiantes requerían programas especiales de transición, que aún no existían. Los administradores y maestros del LAUSD se sorprendieron al ver a tantos niños inmigrantes matriculados en las escuelas públicas. No estaban preparados para la defensa de estos niños inmigrantes y mucho menos para proporcionarles una buena educación.

Armando sobrevivió los golpes y maltratos de los pandilleros. A veces le atacaban solamente porque no les gustaba lo que vestía. A él no lo intimidaban en absoluto. Se enfrentaba con sus torturadores, sobre todo con el "gran Robert", de la Calle 18, que era un gigante. Ya en aquel entonces levantaba pesas y jugaba fútbol con los adultos. Robert no fue más que el matón de la escuela; maltrataba a los niños más pequeños y más débiles. Otro chico llamado Miguel era su aliado y entre ambos se burlaban del pobre Armando. Pero Armando no lo permitía.

Llegado el sexto grado, serví de intérprete para los padres cuando venían a la escuela para hablar con nuestra maestra, la señora Arnold. Escuchando y traduciendo sus preocupaciones me di cuenta que tenían un punto en común: todos querían saber por qué sus hijos cambiaban, por qué se convertían en *cholos* y *cholas*. Lloraban, gimiendo que querían salvar a sus hijos. Pero las calles eran más atractivas que los padres o el sistema de escuelas públicas.

Algunos de estos niños eran abusados en sus propios hogares e incluso en la misma escuela. No es de extrañarse que se uniesen a una pandilla: necesitaban sentir que podían escapar de lo que enfrentaban en sus hogares. Crecieron en hogares donde la violencia doméstica había llegado para quedarse. Presenciaron el salvajismo y la brutalidad en sus propias casas. Muchos de ellos comenzaron a copiar este comportamiento, a repetirlo y perpetuarlo. Además, las armas de fuego se estaban convirtiendo en parte de la escena del vecindario y muchos niños querían una propia, para ellos, para protegerse. Algunos chicos y chicas sentían que su autoridad y prestigio crecía si poseían un arma y les gustaba el olor de la pólvora. Contaban que cuando participaban en tiroteos callejeros sentían la adrenalina recorrer sus venas. A partir de ese momento los números de rivales y la selección de calibres iban creciendo. Algunos de estos chicos y chicas no se daban cuenta en lo que se estaban metiendo; demasiado tarde lo descubrían. Su inocencia pronto desapareció: ya no temían a la autoridad ni a las pandillas rivales. Tomaron sobre sí un juramento de lealtad: morirían para defender su pandilla, la que llamaban "familia". Se dieron cuenta que no vivirían mucho tiempo. Perdieron cualquier tipo de esperanza o consideración hacia los demás. Eso les pasó especialmente a las jóvenes que tuvieron que aceptar ser violadas por los otros miembros como parte del rito que les permitiría ser parte de las pandillas.

El cemento y asfalto de las calles de Los Angeles absorbió después su sangre y la sigue absorbiendo en estos días.

Ojalá que el Superintendente y los miembros de la Junta Escolar del LAUSD logren mejorar la educación pública para todos los niños, especialmente en las zonas pobres de Los Angeles, que siguen ignoradas y abandonadas.

Capítulo tres

¿Se pueden llevar bien los latinos y afro americanos?

Ingresar a la escuela intermedia James A. Foshay en 1985 fue como entrar a la cárcel de Corcoran, la de Pelican Bay o la prisión del condado. Las vallas eran enormes, y la escuela contrataba guardias de seguridad para mantener el control de la población estudiantil.

Algunos estudiantes golpeaban a los maestros e incluso al director. Maestros y maestras tenían relaciones amorosas y sexuales con estudiantes menores de edad. Muchos estudiantes se sentían perdidos y sin protección, tanto en sus casas como en el aula.

Pero una maestra en particular desarrolló fuertes vínculos con los estudiantes y se mantuvo en contacto con ellos en las buenas y en las malas. Visitaba a aquellos que terminaban en la cárcel con cadena perpetua. Algunos de estos jóvenes llegaron a ser miembros de la Mafia Mexicana. Ellos mismos la condenaron a muerte. Contrataron a alguien para que la ejecutase porque, dijeron, sabía demasiado y podía servir como testigo contra ellos. Afortunadamente, ella se enteró a tiempo. No tuvo otra opción que ampararse bajo el programa federal de protección de testigos.

La vida de pandillero atrajo a Armando, quien se convirtió en miembro de la Mara Salvatrucha. Estaba harto de ser maltratado por los estudiantes mexicanoamericanos y afroamericanos. Encontró refugio en la violencia.

Nuestra inocencia fue lenta e implacablemente destruida por la sangre que se vertía en las aceras. Fuimos víctimas fáciles, porque éramos pequeños en comparación con aquellos pandilleros que ya habían cometido asesinatos y delitos graves. Ellos tenían al menos veinte años de edad y elegían a sus víctimas entre nosotros, niños de 12 a 15 años.

Caminábamos por las calles como si fuéramos soldados en una zona ocupada, refugiándonos en nuestros libros y confiando en la protección de nuestros tenis. Tuvimos que aprender a huir corriendo de ataques e

13

intentos de robo. Aprendimos a ser valientes y a defendernos de pie. Yo
fui suspendido dos veces de la escuela por haberme involucrado en peleas
sangrientas. Es que tenía que defenderme si es que no quería ser agredido
todos los días. Aprendimos también a desarrollar una reputación de ser
chingones, o como decimos en El Salvador, teníamos que estar *truchas*.
Esto no era para los débiles y mansos. Al final se le *copea* a los demás,
sólo para poder sobrevivir.

Una memoria sigue viva en mi mente. Un día Armando y yo caminábamos
por la calle Exposition cuando un pandillero afroamericano lo atacó y le
reventó la cadena de oro con una cruz que Armando llevaba en el cuello
como preciado regalo de sus padres. Esas injusticias partían el corazón. Con
el tiempo las cicatrices desaparecen pero la ira en muchos siguia creciendo.

Apuñalaron a Armando frente a mí. Fue terrible verlo sangrar. Lo miraba y
estaba paralizado; nada podía yo hacer. Me hubieran apuñalado a mí también.
Me sentí culpable, y tuve que razonar que yo no era responsable de lo que
había sucedido, porque Armando mismo había tomado sus propias decisiones
en la vida. Nadie en aquel entonces podía parar la violencia.

Además, Armando había escrito el nombre de su pandilla (MS 13) en
sus pantalones, lo cual lo distinguía entre los demás y hacía de él un blanco
fácil para sus rivales de los grupos Harpys/Dead End/ y Mid City Stoners.
Después del ataque Armando juró que no iba a dejar que nadie lo agrediera
nuevamente y estableció una cercana relación con la pandilla de la Calle 18,
célebre entre los jóvenes locales porque sus miembros hacían todo lo que
fuera necesario para defenderse. Por eso era una de las pandillas más grandes
y violentas de la década de los 80. Armando los buscó y ellos prometieron
protegerlo: los hombres que apuñalaron a Armando probaron el sabor de su
propia medicina. En su venganza, Armando utilizó machetes y fusiles AK-47.
Terminé perdiendo contacto con Armando, aunque siempre lo consideré un
amigo e hice lo que pude para ayudarlo. Al final, él tomó sus propias decisiones para poder sobrevivir.

La vida del pandillero consiste en agredir y asaltar a quien sea y en proteger
tu vecindario. El respeto lo gana y conserva de diferentes maneras. Aprendes
a no mirar a uno de ellos por mucho tiempo, porque hacerlo es considerado ir-
respetuoso y puedes ser balaceado. La pregunta común antes de ser apuñalado
u balaceado es "¿de dónde eres?" La manera en que respondes determinará
si serás balaceado, apuñalado o si te dejarán ir sin hacerte nada. Lo que están
preguntando no es de qué país, ciudad o estado eres, sino "¿a qué pandilla
perteneces?" Algunos jóvenes que no hablan bien el inglés responden inocente-
mente nombrando la calle en la que viven y pagan por ello con sus vidas.

La vida de los pandilleros te sigue por todos lados. En séptimo grado una
chica de mi escuela se convirtió en mi novia. Pertenecía a la pandilla de la

Calle 18 y yo no sabía en lo que andaba. Aunque crecí en aquel ambiente, yo seguía siendo inocente e ingenuo. A los 14 años ella bebía alcohol, fumaba y hacía otras cosas ilegales. Detrás de esa pretensión de personalidad fuerte había una niña, fanática de Cindy Lauper, la cantante famosa por su canción "Girls Just Wanna Have Fun": las chicas sólo se quieren divertir.

Desde que nos separamos no la volví a ver, pero recuerdo que se quedó con mi carnet de identificación de la escuela. Me pregunto si rectificó su vida.

En realidad, me alegro de que nuestra relación fuera breve y que no me hubiesen matado por estar saliendo con una *cholita*. Ella quería cambiar, pero estaba demasiado involucrada en la vida de pandillera.

Lo que es realmente triste es que muchas víctimas inocentes son asesinadas en el Sur Centro. Son incontables e inexplicables asesinatos. Todavía es tabú hablar de aquellos asesinatos no resueltos. Los testigos no pueden declarar. Si lo hicieran, serían a su vez castigados. Ellos o sus familias.

Los años 80 fue una década de cocaína *crack*, de guerras entre pandillas y de brutalidad policial el Sur Centro de Los Angeles. El alcalde Tom Bradley seguía comportándose como si todo estuviera bien, cuando en realidad la mayoría de las cosas no estaban bien, especialmente en las zonas pobres. Por supuesto: eran buenos tiempos para quienes vivían en vecindarios agradables, tranquilos y bien protegidos. La historia de los dos Los Angeles, el rico y el pobre, no ha cambiado mucho desde la época de Bradley. Ahora tenemos a nuestro alcalde latino, Antonio Villaraigosa, para que trate de cerrar esta brecha y comience a solucionar este problema.

La gente de minorías, los pobres, eran frecuentes víctimas inocentes de tiroteos y robos a mano armada, terribles palizas y asesinatos. Los que más sufrían eran los inmigrantes recién llegados, que eran golpeados tanto por la policía como por los pandilleros. Tenían miedo de quejarse y protestar, porque no querían ser deportados o acusados de crímenes. No sabían hablar ingles ni tenían manera de defenderse.

Numerosos ataques contra personas de otros grupos étnicos tuvieron lugar en aquellos días, aunque hasta hoy se quiere ocultar los hechos. En quinto grado fui testigo de lo sucedido a un hombre afroamericano que quiso robar una camioneta. Fue sorprendido por unos *cholos* veteranos que le pegaron hasta matarlo. Yo era solamente un niño y me preguntaba cómo podía haber tanta brutalidad e inhumanidad como la que había visto. Había presenciado como la policía golpeaba a personas de mi comunidad, pero jamás tanta brutalidad perpetrada por civiles. Fueron aquellos adultos irresponsables quienes sembraron las semillas de la violencia y hostilidad y les enseñaron a sus niños a odiar a personas de otros grupos étnicos.

Los afroamericanos y latinos tienen más problemas en común, que aquello que los diferencia y separa. Ambas comunidades se enfrentan a altas tasas de desempleo, de deserción escolar, a la pobreza sistemática, la violencia de las pandillas, a un número desproporcionado de presos en las cárceles y a una continua discriminación. Su interés está en formar coaliciones con base en los problemas que son comunes y que deben resolver conjuntamente. Esto fue lo que aprendí de Lucas Williams, el ex director ejecutivo de la Coalición para los Derechos Humanos de los Inmigrantes en Los Angeles (CHIRLA). Williams es un señor afro americano bilingüe que vivió en El Salvador. Ha sido un lider en la defensa de afroamericanos y latinos y en buscar que desarrollen respeto mutuo.

Tenemos que hacer más para divulgar la historia de las alianzas entre los afroamericanos y latinos. Debemos recordar el papel humanitario que desempeñaron los mexicanos en la protección de esclavos afroamericanos fugitivos. A través de la ruta del sur, los mexicanos permitieron a unos 10,000 esclavos huir y ser libres al cruzar la frontera del sur.

Sin embargo debemos ser realistas. Construir una comunicación eficiente con base en alianzas y relaciones de trabajo entre latinos y afroamericanos no es fácil de lograr en pocos años. Llevará décadas de trabajo constante antes de que ambas comunidades logren aprender la historia y la cultura de los otros y se respeten mutuamente.

Se han hecho algunos progresos, pero aún tenemos un largo camino por recorrer. El Presidente Barack Obama puede ayudar a unir ambas comunidades, hispanos y afroamericanos, para buscar de manera conjunta soluciones a los problemas de interés común, para desarrollar el respeto y la confianza, y así beneficiar a nuestra sociedad.

Capítulo cuatro

El programa *A Better Chance*

Yo quería escapar de aquel infierno.

Envié una solicitud de admisión al programa *A Better Chance,*o ABC por sus siglas en inglés creado en 1963 para ayudar a estudiantes afroamericanos que vivían en zonas urbanas necesitadas. Oprah Winfrey y la cantante Diana Ross han sido por años firmes defensoras de los programa de ABC. Oprah ha donado más de 12 millones de dólares al programa.

Me enteré del programa *A Better Chance* cuando Michael Anderson, un funcionario de la Universidad del Sur de California que buscaba candidatos para el programa, llegó a la escuela secundaria Foshay para dar una present-ación sobre el tema, a donde fueron invitados aquellos alumnos que mostra-ban potencial de liderazgo académico.

Yo fui uno de los pocos estudiantes latinos que asistió a aquella sesión de orientación, junto con algunos de los estudiantes más brillantes de la escuela. Inmediatamente presenté mi candidatura, pero fui rechazado por la Deerfield Academy en Massachusetts. Me sentí derrotado. Sin resignarme al fracaso, escribí una carta de puño y letra a la ABC y les rogué que me salvaran. Transcurrieron varios meses. Dos semanas después de que empecé a asistir la escuela secundaria Jefferson recibí una llamada telefónica: había un lugar para mi en una escuela en Rochester, en el estado de Minnesota. Ya me había convencido a mí mismo de que no me la iba a pasar tan mal en la secundaria Jefferson, a pesar de que los asesinatos eran comunes en los alrededores del vecindario y había violencia incesante en el campus.

La persona que me llamó con la gran noticia fue Anna McGee, de la Asoci-ación Nacional de Rochester para el Adelanto de la Gente de Color (NAACP). Me sentí feliz al recibir las buenas noticias. Era mi oportunidad para escapar de la violencia y caos que no me permitían concentrar en la lectura, escritura y aprendizaje. Yo había desarrollado una profunda curiosidad por el conocimiento, pero las escuelas públicas de mi área parecían cárceles. Allí donde crecí, había dos opciones disponibles para mí: o bien me unía a una pandilla o me iba a trabajar al Departamento de Policía.

Yo ya era un joven Explorador de la policía de Los Angeles, en la delegación de Southwest. Destaqué e incluso gané el trofeo de la estación local a la excelencia por reclutar a nuevos voluntarios. Sin embargo, en la Academia de Exploradores viví una experiencia que me hizo cambiar de parecer, cuando uno de los oficiales del LAPD me jaló el pelo porque yo no le había oído decir que me quitara del camino. El incidente mató mi interés por convertirme en un agente de policía, a pesar de que mi asesor del programa, Benny Sadler, ahí mismo me defendió.

Llegué a la conclusión de que estábamos desprotegidos y vulnerables tanto a las pandillas como a los policías abusivos que aprovechaban del poder adquirido por su placa. El poder puede corromper a muchos. No es casualidad que los pobres y los niños de los grupos minoritarios en el centro de la ciudad crecen con miedo y desconfianza de la policía. Una de las razones más fuertes que lo explica es la historia de la brutalidad policial en zonas tales como, precisamente, el Sur Centro. Los residentes carecen de la influencia económica o las conexiones políticas imprescindibles para denunciar a los policías abusivos o demandarlos para obtener justicia cuando se comportan con brutalidad y violencia. Muchas víctimas son intimidadas no solo por los pandilleros sino también por agentes de policía. Temen denunciarlos o testificar en el tribunal ya que las represalias son comunes en los barrios pobres.

El Sur Centro de Los Angeles y Rochester, Minnesota, son dos mundos completamente diferentes.

Rochester es conocido como un lugar seguro y opulento. Predomina la gente blanca; es sede de IBM y de la Clínica Mayo.

Al inicio de mi vida en Rochester sentí que yo no pertenecía a aquel lugar. Pero luego esa sensación cambió: de a poco me hice amigo de los afroamericanos con quienes vivía y también de los estudiantes blancos en la escuela. Lentamente aprendí a confiar en la gente blanca. Nunca había estado realmente expuesto a ellos en el Sur Centro, con la excepción de mi maestro, el Sr. O'Brien, quien fue siempre uno de los nuestros. También había conocido de manera superficial a estudiantes blancos de USC y a los fanáticos de los Raiders que llegaban a ver los juegos en el Coliseo y estacionaban sus automóviles en los vecindarios pobres aledaños porque les salía más barato. Cuando los juegos terminaban, los aficionados dejaban toneladas de basura en las calles y las veredas. No recuerdo ni un sólo caso en que alguno de ellos fuera multado por la policía por haber arrojado basura en las calles.

En mis comienzos en Rochester, hacer amigos fue dificilísimo, porque los estudiantes afroamericanos estaban muy unidos y aislados de los demás. El único otro estudiante latino en el programa era demasiado reservado como para estar interesado en ser mi amigo o mentor en el John Marshall High School. Vivía en Rochester desde hacía mucho tiempo y se consideraba parte del mundo blanco. No le urgía que lo viesen asociado a otro latino. Me dolía que no estuviese dispuesto a ayudar a un joven muchacho como yo.

Yo comprendía por otra parte su amargura: era una de aquellas personas que han sufrido mucho, que luchan internamente contra su propia tristeza y que también quieren desesperadamente ser aceptadas por la mayoría. Sin embargo, es triste que tantos hispanos o afroamericanos quieran desesperadamente asimilarse y renuncien a sus propias raíces culturales para ser aceptados por la mayoría. A veces los aceptan, pero al precio de maltratar a su propia comunidad. Empiezan a creer que son mejores que los inmigrantes recién llegados, a menospreciar a otros como ellos fueron menospreciados.

A este tipo de personas frecuentemente las describen como vendidos o traidores. A veces se refieren a ellos por el apodo de "coco": de color café por fuera y blanco en el interior. Pero yo sabía desde el comienzo que iba a tener que sobrevivir por mi cuenta y que no podía confiar en nadie. Así es como siempre ha sido. Años atrás yo había tratado de proteger a mi madre, mis dos hermanas y a mí mismo. Mi vida hubiese sido más fácil si habría habido alguien que me protegiera, pero el destino no lo quiso así. Así es como miles de niños pobres del centro de las ciudades sobreviven: protegiéndose a sí mismos.

Muchos niños que se criaron en los barrios pobres y céntricos de las ciudades y en zonas de guerra sufren casos no diagnosticados de síndrome de estrés postraumático. Otros caen en las drogas y violencia. Yo había decidido que mi vida sería distinta, a partir del momento en que escribí la carta al programa *A Better Chance* rogando que me admitiesen. Comencé a sobresalir en mis clases en Rochester. Levantaba pesas y pasé a formar parte del equipo de lucha libre, uno de los deportes más difíciles del mundo.

Cuando crecía en el Sur Centro de Los Angeles me obsesionaba la figura del legendario luchador mexicano El Santo. Yo quería ser un luchador como él; quería tener una máscara como la del Mil Máscaras o el mismo El Santo. Verdaderamente soñaba de noche con mi participación en la World Wrestling Federation, la Federación Mundial de Lucha Libre. Una vez que me incorporé al equipo de lucha en Rochester, me di cuenta que aquello no era broma y que para nada estaban actuando: la lucha libre es un deporte serio en el medio oeste de Estados Unidos, especialmente en el estado de Iowa. Me hice fuerte. Creció mi confianza en mí mismo, no sólo en mi destreza física, sino especialmente en la seguridad que iba a tener éxito en la escuela secundaria. Empecé a creer más en mí. Iba a tener éxito y ayudaría a mi familia. Hasta conseguí trabajo distribuyendo el periódico Rochester Post

Bulletin y también como "busboy" o asistente de mesero en un restaurante mexicano. Estos dos trabajos fueron muy difíciles porque los supervisores eran intolerantes y les gustaba maltratar a sus empleados. Pero al ver el lado positivo, finalmente vivía en un ambiente sin violencia ni abuso. En Rochester podría enfocarme en los estudios sin preocuparme de que me podrían matar a tiros.

Lee Shibley era nuestro tutor. Era un terapeuta físico en la famosa Clínica Mayo. Hasta el día de hoy, respeto y admiro a Lee. Hace poco me enteré que falleció. Era como mi hermano mayor. Físicamente era muy grande y de una inteligencia increíble. Aprendí mucho de él y su raza blanca fue irrelevante a la amistad y confianza que construimos. Lee me enseñó a creer en mí mismo y jamás darme por vencido. Se quedaba hasta altas horas de la noche ayudándome con mis proyectos académicos en ciencia, matemáticas y escritura. Me enseñó a visualizar mis objetivos. Incluso se tomó el tiempo para llevarme al gimnasio a enseñarme a levantar pesas de manera correcta. Me mostró que las metas se logran a través de acciones y no sólo con palabras. Lee Shibley era un terapeuta físico de primera clase y un oficial de alto rango en la Fuerza Aérea de Estados Unidos. Su esposa, hijo e hija siguen su legado de bondad en Ohio.

Larry y Lucille (Lu) Kayner, mis tutores, eran como verdaderos padres para mí. Lu me enseñó a amar y no me permitía estar triste o buscar excusas para no superarme. Larry me llevaba al restaurante Wendy's, donde todos los sábados comíamos hamburguesas. Teníamos conversaciones breves pero significativas. Llegué a conocer bien el alma de Larry, su lucha como conductor de camiones, su fervor de cristiano devoto y que los bancos le habían quitado toda su propiedad. Larry odiaba a los bancos con toda su alma por el efecto que habían tenido en su vida y a su familia. Por un par de pagos atrasados del préstamo hipotecario, el banco tomo posesión de su casa en Michigan. Lamentablemente, en mi último año en la escuela secundaria, Larry falleció a causa de varias enfermedades y poco más tarde Lu murió de cáncer. Larry falleció el día de mi cumpleaños y nunca olvidaré su espíritu amable.

Larry y Lucille y otros que fueron como mi familia los domingos me enseñaron muchísimo. Me di cuenta que los blancos se enfrentan a diario las mismas luchas que los latinos y afroamericanos. Que se esfuerzan por suplir a sus familias con lo necesario y a garantizar un futuro estable para sus hijos. Mis familias del domingo incluyeron a Wayne Larson, un ingeniero jubilado de IBM y a Kitty Larson, una maestra de escuela; Brenda Dicken, una concejera del Ayuntamiento y Charles Dicken, dermatólogo jubilado de la Clínica Mayo. Estas personas me enseñaron a estudiar y a enfocarme en lo que hacía. El Dr. Dicken me incluyó en el programa de residencia de doctorado que supervisaba. Tuve la oportunidad de operar conejillos de india. Aquellas familias creían en mí. Eran personas amables que querían ayudar a niños de minorías, que nos abrieron sus casas y sus corazones.

Me esforcé para sentirme parte de Rochester y me enfoqué en el estudio. Pero me topé con algunos maestros ignorantes que creían que las minorías no pueden aprender. No me caía muy bien el Sr. Smith, quien enseñaba programación de computadoras, porque siempre se refería a mí como "José". Me iba mal en esa asignación; en lugar de asistir me iba a levantar pesas. ¿Por qué querría aprender de un maestro ignorante que claramente no quería a los latinos?

Afortunadamente, mantuve mis buenas calificaciones y presenté una solicitud de admisión a las universidades Occidental College y Whittier College. Fui aceptado en ambas, pero decidí asistir a "Oxy" por accidente, solamente porque cuando mi amigo Danny y yo fuimos a buscar la escuela de estudios superiores Whittier, nunca la encontramos. En retrospectiva, me alegro de que nos hubiésemos extraviado en la autopista cuando nos dirigíamos a Whittier. Jamás hallé el colegio y en cambio decidí asistir a Occidental. Es interesante observar que nuestro ex presidente Richard Nixon asistió a Whittier College y el actual Presidente Barack Obama estudió en Occidental College.

Me hacían mucha falta, sin embargo, mis buenos amigos del vecindario. Dejarlos atrás cuando me fui a Rochester, Minnesota, a los 15 años de edad, fue difícil. Yo era en aquel entonces un chico flaco que todavía usaba camisetas y pantalones Dickies. Había adoptado la manera de vestir de mis amigos del barrio y de la escuela. No me daba cuenta que eso me definía ante los demás, yo sólo pensaba que era normal vestirse de esta manera, que era *suave*. Como por ejemplo Danny, quien años antes, me había convencido a ser parte de los Exploradores del LAPD. Danny se había criado en el Este de Los Angeles entre las pandillas White Fence y Maravilla. Su padre, que había sido un OG (pandillero original) de Maravilla, lo maltrataba a menudo, golpeándolo. Este joven había sufrido mucho, pero tenía un gran corazón. Recuerdo que llegaba a mi casa a recogerme y gritaba, "¡Jurado, vamos! ¡Es hora de ir a la Academia!"

Mis amigos me hacían falta, y cuando regresaba de visita a Los Angeles durante los veranos, tomaba clases en Manual Arts, para sentirme parte de una escuela secundaria local. Y pasaba tiempo con Danny, quien venía por mí todos los sábados por la mañana.

El sueño de Danny era convertirse en agente de policía. Lo emocionaba. Danny era un *chicano* del Este de Los Angeles que vivía en el Sur Centro. Nos convertimos en grandes amigos porque teníamos muchas cosas en común. Nos preocupábamos por nuestras familias, sobre todo porque el ambiente de nuestra comunidad era infernal. Queríamos mejorar nuestros vecindarios.

Un día de aquellos veranos, Danny no apareció y me puse a buscarlo. Lo encontré en el hospital, con vendas en la cabeza. Sólo dijo que estaba enfermo y se negó a explicar. Pero me enteré que un policía latino del LAPD lo había golpeado hasta el punto de dañar su cerebro. Lo acusó de intentar robar un automóvil cuando él sólo estaba durmiendo adentro con su hermano. Aquella noche no se le había permitido quedarse en su casa porque su madre estaba teniendo un romance con un hombre más joven. Cuando llegaron los agentes, maltrataron a su hermano menor; Danny intervino y le pegaron.

Fue acusado de un delito grave y nunca pudo cumplir su sueño de convertirse en un policía. Era desgarrador porque él respetaba y admiraba a los policías. Poco después perdí contacto con Danny. Sólo me quedan mis memorias de él, la de un niño que creía que podía mejorar la vida que lo rodeaba, mientras los adultos seguían destruyendo nuestras ilusiones, ignorando nuestro potencial.

En séptimo grado, durante mi estancia en la escuela secundaria Foshay, antes de salir a Rochester, conocí a Antonio, un joven inmigrante mexicano que jugaba con los Transformers. Se convirtió en mi mejor amigo y lo sigue siendo hasta el día de hoy. Es muy inteligente y de buen corazón. Todavía nos vemos y competimos para ver quién puede levantar más pesas en el gimnasio. Cuando los amigos son como familia, la nacionalidad pierde importancia. Cuando estamos juntos somos hermanos y compartimos el amor y memorias de un pasado cruel. Antonio me enseñó sobre Pedro Infante, el famoso cantante mexicano que murió en un accidente aéreo. Interesante: el mejor amigo de Pedro Infante era de El Salvador . . .

Antes de irme a Rochester yo había obtenido mi primer trabajo cuando tenía 14 años. Un italiano americano, Richard Godino, y su socia Toni O'Donnell y Ernestine, me contrataron aquel verano para trabajar en el Departamento de Parques y Recreación de la ciudad de Los Angeles, de la piscina de natación en Exposition Park.

Este trabajo y mi experiencia durante la escuela secundaria como Explorador de la policía, me enseñaron a ser disciplinado y a controlar mi comportamiento de forma militar para evitar las balas.

En el Estadio me sentía más seguro, porque había ciertos lugares de la zona que se respetaban y la violencia no llegaba, y como yo había crecido allí los pandilleros me conocían. Desafortunadamente, después me trasladaron a la piscina de South Park en la Calle 52 y la calle Avalon, en el pleno corazón del Sur de Los Angeles, un área donde homicidios, prostitución y tráfico de drogas eran preponderantes. Trabajar en el Parque Sur no era chiste. La pandilla que predominaba alli eran Los Playboys y muchas otras. Si sobrevivías allí, tus colegas se referían a ti como si fueses un sobreviviente o veterano de guerra. Y yo me gané mis méritos.

Un día mientras estaba vestido con mi camisa de Explorador de la delegación policial de Newton, un ex convicto que apenas había salido de la cárcel y que odiaba a la policía se me echó encima y me pego en la cara. Yo era muy joven para darme cuenta que los policías no eran bienvenidos en aquella parte de la ciudad. Tuve suerte que no me apuñalaran o mataran de un tiro; el convicto no tenía armas, precisamente porque recién salía de la cárcel. De lo contrario me hubiera matado. Era una de aquellas personas que buscan víctimas y les da satisfacción atacar y matar. Son asesinos patológicos.

Estos tipos de injusticias crearon en mí resentimiento y generaron hastío de ver tantas víctimas inocentes que son atacadas, golpeadas, acuchilladas o liquidadas a tiros.

Llevé conmigo esa furia al programa ABC. Pero felizmente viví años después una gran experiencia que me ayudó a lidiar con mis pesadillas y el enojo que llevaba dentro. Animado por mi consejero de la secundaria, Mr. Espinda, recibí una beca para asistir al programa *Outward Bound* en las montañas Blue Ridge de Carolina de Norte.

No tenía ni idea que íbamos a pasar semanas escalando rocas y remando en canoas, ni que tendría que sobrevivir bajo una incesante e intensa lluvia. Llevé ropa de la ciudad y botas de construcción, totalmente inadecuados. Fue una experiencia horrorosa, pero al mismo tiempo una de las más maravillosas de toda mi vida.

Estaban allí, conmigo en Blue Ridge, jóvenes de todo Estados Unidos; jovenes trastornados: otros que habían tratado de suicidarse. Uno apoyaba a los supremacistas blancos. Muchos sufrían por los serios problemas en sus hogares. Y yo que pensaba que el Sur Centro de Los Angeles era un lugar de locos . . .

Precisamente allí, en las montañas Blue Ridge, la presencia de tantos chicos trastornados me recordó y me hacia tanta falta Los Angeles. Los recuerdos de mi familia me atormentaban. Sentía que mi madre y mis hermanas me necesitaban para protegerlas, que yo había abandonado a mi familia y por ello era muy culpable. Me acordaba de mi hermanita que lloraba cuando me iban a dejar al aeropuerto y me rogaba que no me fuera, que no las dejase allí. Me urgía volver a Los Angeles. Y cuando terminó la temporada en Blue Ridge, el avión aterrizó en Los Angeles y regresé a la ciudad, yo era una persona más madura, más responsable, con una mejor perspectiva de la vida. Era alguien capaz de conquistar el mundo y ayudar a mi comunidad a cambiar.

Aquellas tres semanas en las montañas me enseñaron a sobrevivir en la naturaleza y a aprender mucho sobre mi mismo: mis capacidades, mis destrezas. Comencé a entender por qué yo era una persona furiosa, enojada, por qué no podía dormir. Es que siempre tenía miedo de perder mi vida, así crecí. ¿Te has preguntado cómo vivirán en una zona de guerra? Así vivía yo.

En El Salvador, las guerrillas, los militares o los escuadrones de la muerte siempre te seguían. No importa si eres culpable o inocente. Un mero chisme, una mentira, podía hacer que alguien fuese asesinado; muchos civiles inocentes y muchos niños murieron violentamente debido a gente con lenguas envenenadas. Alguien acusaba a los campesinos de ser subversivos para que los maten y puedan robarles su tierra. Los campesinos eran honestos, trabajadores, muy religiosos. Eran humildes y creyentes en sus preceptos morales. Miles de salvadoreños apenas pudieron escapar con vida y huyeron a Estados Unidos. En Rochester, Minnesota, conocí a numerosos refugiados salvadoreños y nicaragüenses quienes vivían temporalmente en Assisi Heights con las Hermanas de San Francis, una orden religiosa de monjas franciscanas. El centro Assisi Heights está ubicado en la cima de una colina, en un edificio imponente, cerca de la escuela secundaria John Marshall, a la que yo asistía. Allí vivían y trabajaban los refugiados de Centroamérica antes de pedir asilo político en Canadá. También conocí estudiantes extranjeros de países como Islandia, Italia, Romania, Argentina porque sus padres trabajaban en IBM como ingenieros o eran estudiantes extranjeros con becas.

Me hice buen amigo de un muchacho de Nicaragua de mi misma edad, que asistía a la escuela John Marshall. Lo habían reclutado para pelear en la guerra, me contó; lo maltrataban cruelmente. Todavía me acuerdo de las caras de los refugiados. La guerra dejó en ellos una expresión temerosa y desconfiada, de vergüenza y dolor. La expresión de quien fue testigo de actos de barbarie.

En la guerra civil salvadoreña abundaron las traiciones. La gente perdió la confianza en el prójimo y la esperanza en el futuro. Los celos y la envidia causaron innumerables acusaciones falsas y la muerte de gente inocente. Algunos miembros de familias adineradas fueron secuestrados por dinero y luego asesinados. Los secuestros se convirtieron en un comercio durante la guerra civil. Tambien la venta de armas se convirtio en un negocio.

Y en Los Angeles, tanto las pandillas como la policía siempre han maltratado a aquellos jóvenes que tienen una imagen, perfil o apariencia característica de jóvenes que viven en centros urbanos. Aún ahora todos los jóvenes siguen estando en peligro en el Sur de Los Angeles, porque aparentan ser pandilleros aunque no lo sean.

Capítulo cinco

Los años en Occidental College

Ser estudiante en el Occidental College fue un viaje intelectual. Unas de las razones por la cual escogí Occidental fue su énfasis en la educación multicultural. Además, me alegró que me ofrecieran una beca muy generosa. Finalmente, obtuve préstamos estudiantiles para poder terminar mi educación

"Oxy" era una maravilla. Barack Obama estudió allí entre 1979 y 1981, antes de transferirse a Columbia University. Abrigo la esperanza de que el Presidente Obama mejore nuestras ciudades y ayude a nuestra juventud, y a reducir el número de gente pobre que es encarcelada por carecer de representación legal adecuada. Durante sus dos años en "Oxy", el futuro presidente Obama ya estaba desarrollando su filosofía política. Desde allí se oponía al sistema del *apartheid* en Sudáfrica y se preocupaba por la violencia en Centroamérica.

En "Oxy" tomé conciencia de que los latinos como comunidad tienen intereses y necesidades particulares, incluyendo la reforma migratoria y educación bilingüe.

Los problemas que afectan a latinos y afroamericanos también afectan a blancos de bajos y medianos ingresos. Después de todo, la mayoría de la gente busca viviendas a precio razonable, trabajo estable, seguro de cuidado de salud, dinero para darle de comer y educar a sus hijos.

Estos son algunos de los asuntos que afectan a todos, no sólo a los miembros de los grupos étnicos. Aprendí estos conceptos y el de sociedad multicultural en el Instituto Multicultural de Verano, al cual asistí en Occidental College en 1991.

"Oxy" era –y sigue siendo—un centro de ideas, teorías, libros, ensayos y conversaciones filosóficas con otros estudiantes. Me pasaban las noches discutiendo cosas de la vida y asuntos sociales con mis compañeros de cuarto, Mathew Herrick de Nueva York y Donald Sánchez de Nuevo México.

La mayoría, si no todos los estudiantes de "Oxy" eran de clase alta. Pero los pobres, los de clase media y la gente rica estudiaban juntos y participaban en debates y ardientes discusiones.

En fiestas y otras ocasiones sociales descubrí el rock en español. Escuchaba a las bandas Maná, Caifanes (Jaguares), Miguel Mateos, Soda Estéreo, Héroes Del Silencio, La Union, Hombre G, Enanitos Verdes, La Ley y otros. También empezaba a tener fama cantantes como Shakira y Enrique Iglesias entre la juventud latina de Estados Unidos. Durante los fines de semana me sumergía en este mundo con los amigos de mis viejos vecindarios. Era mi forma de alejarme por un rato de lo académico y del activismo estudiantil. También observé de primera mano el problema del alto consumo de alcohol que existe en la comunidad latina y que se ha convertido en una epidemia.

Este hecho me hizo entender por qué ciertos días festivos como el Cinco de Mayo eran y siguen siendo promocionados con la publicidad de la industria de alcohol. Muchos jóvenes ven esos anuncios publicitarios con mujeres atractivas que llaman la atención de los hombres tomando cerveza de esta u otra marca o bebiendo licores fuertes. Estas son las lecciones que la juventud aprende en la calle y en los clubs de baile, donde se juzga por apariencias.

En Occidental, profundicé en la historia y política de las minorías étnicas, filosofía europea, las luchas de los pueblos latinoamericanos. Estudié el papel que ha tenido Estados Unidos en la diplomacia y asuntos estratégicos de nuestra sociedad global. Me interesé en los temas de afroamericanos, los latinos, los judíos, los asiáticos, los homosexuales. El presidente afroamericano de "Oxy", Dr. John Brooks Slaughter, se arriesgó al tratar de diversificar la población universitaria. Contrató a unos profesores que pertenecían a las minorías étnicas, por cierto profesionales de excelente nivel. El Dr. Slaughter no temió, aunque su visión de una sociedad multicultural incomodó a muchas personas. Les molestó que permitiera que se dieran clases sobre temas tabú. Eventualmente, el Dr. Slaughter dejó la universidad, pero implementó en ella cambios extraordinarios, conciliando el rigor académico con la visión multicultural. Con su concepción multicultural se adelantó a su época. Años más tarde, Barack Obama logró promover el multiculturalismo como clave para la formación de una coalición multiétnica que lo llevó a ganar las elecciones presidenciales.

"Oxy" me estimuló intelectualmente. Pero no olvidé la cruel realidad donde crecí. Tuve la oportunidad de preguntar por qué existían las injusticias que viví, mientras tomaba clases con profesores destacados como Peter Dreier, Robert Ellis o Salvador Fernandez. A través de las interrogantes y sus respuestas comencé a entender la historia de Estados Unidos y sus luchas políticas, las razones de eventos como los disturbios Zoot Suit de 1940 en Los

Angeles. Conocí a los Black Panthers y las Naciones Unidas. Leí a Carlos Fuentes, Gabriel Garcia Marquez, Oscar Zeta Acosta, James Baldwin y otros escritores.

También me instruí sobre la lucha por la "Justicia de los Janitors", los conserjes, liderados por la sindicalista María Elena Durazo. Muchos de los líderes de este movimiento eran salvadoreños, que conocían la importancia y el poder de los sindicatos porque lo habían aprendido en su país natal.

Comencé a ver el papel del Ayuntamiento y como son distribuidos los recursos en la ciudad de Los Angeles. Percibí el abandono del Sur de Los Angeles en el pasado y como sigue siendo ignorado y descuidado por los funcionarios electos.

Obtuve una beca de McKelvey Reath y trabajé en el Ayuntamiento con el concejal Mike Hernandez. Sentí orgullo de que él era un graduado de la universidad Occidental, alguien que había utilizado su inteligencia y determinación para superarse y llegar a un puesto de relevancia.

Estudié lo que el poder puede hacer a la gente. Te puede fortalecer o te puede destruir. Los políticos tienen que decidir si mejorarán sus comunidades o aumentarán sus ganancias personales. Pude observar la atracción que el poder ejercía en personas que al mismo tiempo ignoraban a aquellos sin poder, a quienes consideraban inservibles. También aprendí sobre el sindicato United Farm Workers, sobre Ciudadanos Preocupados del Sur Centro y Madres del Este de Los Angeles, la historia de la Guerra Civil Salvadoreña, la Revolución Mexicana.

Toda aquella información que giraba alrededor mío empezó a tener sentido. Quise aplicar mis nuevos conocimientos teóricos a mi vecindario del Sur Centro. Comencé a creer que yo podía generar una diferencia. Era muy joven, pero con mucha motivación. Organicé a miembros de la comunidad, afroamericanos y latinos, en un esfuerzo para disminuir la violencia del Sur Centro. No era fácil pero sí mejor que quedarme de brazos cruzados. Muchos, incluyendo sacerdotes y pastores, ya se habían dado por vencidos. Pero yo no quería volverme un ser indiferente y desilusionado. Admiro a aquellos que no se dan por vencidos. Hay pastores y sacerdotes que verdaderamente se preocupan de sus comunidades. La mayoría de ellos causan un cambio significativo en la comunidad y deberían ser reconocidos y aplaudidos. Me enseñaron a tener fe y esperanza.

Inicié un internado en el Centro de Recursos Centroamericanos, CARECEN. Estaba orgulloso de mis raíces. Aunque comía más hamburguesas que pupusas, sabía que las comidas étnicas no determinaban la identidad. Aconsejé a otros estudiantes que lean sobre su propia historia en lugar de concurrir a fiestas donde el alcohol era servido con comida étnica. Me estaba convirtiendo en un ser político y consciente de los asuntos sociales circundantes. Claro, divertirse de vez en cuando no tiene nada de malo.

Comencé a conocer a otros activistas y les ayudé a obtener el Estatuto de Protección Temporal (TPS) concedido a centroamericanos para regularizar su situación migratoria. Apoyábamos la ley de Ajuste para nicaragüenses, pero como salvadoreños, hondureños y guatemaltecos fueron excluidos, tratamos de favorecerlos a ellos también.

El esfuerzo combinado del gobierno salvadoreño por medio del liderazgo del entonces embajador René León y organizaciones comunitarias salvadoreñas locales llevó a que el TPS fuese concedido. Tambien personas como Luis Aparicio y Claudia Bartolini han trabajo en la embajada de El Salvador por muchos años a favor de la comunidad salvadoreña. Ahora el arquitecto Francisco Altschul se ha incorporado a la embajada para ver como se pueden hacer cambios positivos para el pueblo salvadoreño. Los grupos comunitarios centroamericanos y el consulado salvadoreño en Los Angeles tienen recursos limitados para ayudar en temas legales de inmigración. Hay fraude cometido por notarios que se proclaman abogados y otra gente sin escrúpulos que se aprovechan de la gente. Todo eso lo asimilé durante mi internado en CARECEN. Llegaban allí familias diciendo que había recibido cartas de deportación después de que un notario público les mintió prometiéndoles que podía arreglar su situación migratoria.

Los individuos sin escrúpulos tienen una larga historia de aprovechamiento y engaño a inmigrantes. Muchas veces cobran sumas muy exageradas o prometen que proveerán la residencia permanente a quienes están amparados por el TPS, algo que no pueden cumplir.

El gobierno federal debería ser severo al lidiar con estos sujetos. Sin embargo, toma tiempo capturar y enjuiciar a quienes cometen fraude y destruyen las vidas de familias inocentes debido a su incompetencia y avaricia.

Los grupos comunitarios tienen una larga historia de servicio a las comunidades inmigrantes. Algunos cobran poco, lo necesario para seguir operando, y proveen servicios legales de calidad.

Lamentablemente para nuestra comunidad de inmigrantes centroamericanos, el TPS es una solución temporal. Cuando se vence un plazo, comienza otro. El miedo de nuestra gente sigue existiendo porque temen ser deportados una vez que acabe la vigencia de su permiso TPS. El presidente Barack Obama y el Congreso deben encontrar una solución humana y concreta a esto.

Los solicitantes del TPS son trabajadores que pagan impuestos y respetan la ley. El gobierno estadounidense ya los ha identificado. Los conoce. Es posible elaborar una solución legislativa que les proporcione la oportunidad de convertirse en residentes permanentes de Estados Unidos. El TPS ha beneficiado muchísimo a miles de salvadoreños y hondureños. Ha contribuido directamente a la reconstrucción de la infraestructura salvadoreña, destruida por dos terremotos en 2001 y por el Huracán Mitch en 1998. El envío de remesas por parte de la población salvadoreña en Estados Unidos permitió mantener la economía salvadoreña a flote.

Ya es tiempo de ponerle fin a la ansiedad de quienes han contribuido al éxito de su país. Hay que ofrecerles la oportunidad de convertirse en socios plenos del país que han conocido y llegado a amar como su nuevo hogar. El abogar por la ampliación y extensión del TPS fue una de mis primeras actividades políticas. También tenía yo un interés personal en ello. Quería que mi tío obtuviera su residencia permanente.

Mi tío tiene un alma buena; nos contaba cuentos tanto en El Salvador como en Estados Unidos. Me llevaba al cine cuando yo era niño. Escuchábamos juntos música de grupos europeos como Modern Talking y los Beatles. Imitaba al Chapulín Colorado, un personaje de comedia mexicana personificado por el *Chespirito*. Como el Chapulín, mi tío decía "Síganme los buenos." Fue mi consejero, mi guía. Yo quería que se quedara con nosotros.

Comencé a leer sobre mí propia historia. En mi primer año en "Oxy", me integré al Movimiento Estudiantil Chicano de Aztlán (MECHA), llegando a ser su secretario. Allí aprendí más sobre el movimiento chicano y sobre La Causa de los campesinos latinos. Medité mucho sobre la lucha centroamericana. Me influyó una clase que tomé con la profesora Margaret Crahan: "La llegada de la crisis a Latinoamérica."

Salvadoreños, guatemaltecos, hondureños y nicaragüenses sufrieron muchas injusticias, aguantado tragedias, asaltos, violaciones y asesinatos en sus países natales, sólo para revivir esas mismas pesadillas cuando cruzaron a México como indocumentados. Al llegar a Estados Unidos sufrieron más discriminación y hostilidad en sus trabajos, escuelas y vecindarios.

Comprendí las raíces, las causas de la violencia. Unos chicos en las escuelas Menlo y Foshay habían sido niños guerrilleros y niños soldados en sus países de origen. Sabían armar pistolas y rifles AK-47s, M-16. También usaban machetes, porque habían crecido en haciendas donde así cortaban arboles, leña, y plantas. Muchos de estos niños fueron forzados a convertirse en asesinos.

Algunos de estos jóvenes salvadoreños formaron su propia pandilla, que pronto se extendió como un incendio. Se convirtió en una pandilla de mala fama, que imitaba y superaba en su crueldad a las pandillas chicanas y afroamericanas. Ellos no estaban jugando.

Se llegaron a conocer como la *Mara Salvatrucha* (MS 13). Su manera de vestir, sus mensajes, fueron resultado de la influencia de la música metálica y lo satánico. Al principio no parecían *cholos*. Vestían de negro y se consideraban fanáticos del *rock* y el *heavy metal*. Luego adoptaron la apariencia de los *cholos*, los pandilleros, los mareros. Unos de los fundadores de la pandilla, quien ya murió, decía que dejaban la puerta abierta de sus casas para que pudiera entrar el diablo. Demasiado tarde se arrepintió de su vida de pandillero y de los asesinatos que había cometido, porque cuando fue deportado a El Salvador, pagó con su propia vida haber dejado las pandillas. Mientras yo estudiaba en Occidental, la Mara Salvatrucha creció hasta salirse fuera de control. Las leyes de inmigración federales no les habían dado a estos niños la oportunidad de convertirse en residentes permanentes. Ahora ya no eran niños. Se habían convertido en hombres asesinos en las calles de Los Angeles. Algunos habían sido secuestrados, violados y forzados a pelear en la guerra civil. Algunos hasta fueron forzados a asesinar a sus propios padres. A otros les enseñaron a decapitar, cortarle a alguien la cabeza con un machete. Por supuesto, eran la minoría, pero ahí estaban. En operaciones militares en pequeñas aldeas rurales, algunos niños eran robados, vendidos, o entregados para adopción en países extranjeros.

Cuando llegaban a Estados Unidos no podían obtener trabajo porque no tenían residencia legal. Muchos dejaron de ir a la escuela y terminaron en las cárceles, murieron, fueron encarcelados de por vida o fueron deportados. Los funcionarios electos y las agencias de la ley pensaban en aquel entonces que el problema de las pandillas iba a desaparecer con medidas represivas aplicadas severamente por la ley. En cambio, el problema de las pandillas no se solucionó sino que creció astronómicamente.

Otros niños salvadoreños, por supuesto, decidieron estudiar y se convirtieron en profesionales. Unos tuvieron suerte en haber obtenido su residencia permanente por medio de costosos procedimientos legales. Son orgullosos de su patrimonio salvadoreño, aunque a otros les da vergüenza admitir sus raíces, han adoptado la identidad de mexicano o chicano o una identidad blanca.

En las década de los 80 y los 90 los gobiernos estadounidense y salvadoreño no pensaban en las consecuencias de las deportaciones masivas de estos jóvenes a los países centroamericanos. La deportación de pandilleros a los países de Centroamérica contribuyó más que cualquier otro elemento al fenómeno pandillero.

Algunos medios de comunicación y expertos han sensacionalizado este proceso al nombrar a la MS13 "la pandilla más peligrosa del mundo". ¿Cómo se puede adjudicar este título a esta pandilla específica, mientras se ignoran otras pandillas, muchas con más miembros que la MS 13? El gobierno hondureño llegó a crear un rumor de que la Mara estaba forjando alianzas con terroristas del Medio Oriente. Es más fácil exagerar el problema en lugar de fundar programas para prevenir las pandillas. Además, no todos los miembros de la pandilla MS 13 son salvadoreños. Hay muchos que son de otras etnias y nacionalidades: mexicanos, coreanos y hasta afroamericanos.

Muchos de estos pandilleros fueron deportados a Centroamérica habiendo perdido su capacidad de hablar español, lo que los colocó en una grave desventaja. No existían programas educativos ni trabajos para ellos. Crearon entonces nuevas pandillas. Se expandieron y exportaron la pandilla conocida como la Calle 18, cuyos miembros inicialmente se llevaban bien con la MS porque había muchos miembros salvadoreños en la 18. Con el tiempo se convirtieron en rivales. Ahora tienen su propia mini-guerra civil. Deberían llegar a un acuerdo de paz para terminar con la violencia que afecta a víctimas inocentes en El Salvador y en Estados Unidos. La pandilla Calle 18 empezó en 1950 en Los Angeles, creada por inmigrantes mexicanos y en los 80 muchísimos salvadoreños se afiliaron a ella.

En "Oxy" yo aprendí sobre nuestra historia al mismo tiempo que en las calles de Los Angeles otros jóvenes centroamericanos se mataban entre ellos. Junto con otros estudiantes formamos una organización política que representara las necesidades de los centroamericanos: CASA, Central American Student Association. El hecho no pasó desapercibido para muchos miembros de MECHA/ALAS, la Asociación de Estudiantes Latinoamericanos, que no comprendían por qué queríamos crear nuestra propia organización aparte.

Cada país de América Latina tiene su propia historia, cultura y necesidades políticas. Pudimos convencer a MECHA/ALAS que teníamos que formar nuestro propio grupo para poder representar nuestra propia historia, cultura y política. Líderes estudiantiles como Angélica Salas (hoy la Directora Ejecutiva de la Coalición para los Derechos Humanos de Inmigrantes en Los Angeles, CHIRLA), apoyaron nuestras acciones y comprendieron nuestra necesidad de adoptar nuestra propia identidad.

Mientras me fui a estudiar a Madrid, España, dos de mis amigos centroamericanos, Melvin y Billy, de "Oxy" asumieron el cargo para continuar con CASA. La organización recibió tanta atención que salió en la portada del *Los Angeles Times*. Nuestra primera asesora de CASA fue la profesora Margaret Crahan, reemplazada más adelante por el profesor Warren Montag del Departamento de Inglés de Occidental College.

Cuando regresé de España, tenía una mejor comprensión de la historia y política española y europea. Ahora el cuadro general tenía más sentido y hasta pensé en comenzar en España una organización similar a CASA, pero finalmente preferí dedicarme a fortalecer CASA en Occidental College.

Durante mi último año de estudios en Occidental, formé parte del *Learning Across Borders*, un grupo creado por la estudiante Meredith Brown. Una vez graduado, me fui a trabajar de voluntario a El Salvador, en la Federación de Cooperativos de El Salvador (FEDECACES). Viajé por todo el país y visité a las aldeas más remotas con el objeto de explicar a la población el concepto de las remesas, el dinero enviado desde Estados Unidos a El Salvador. Queríamos establecer un programa por medio del cual los pobres podían abrir una cuenta de ahorros y comenzar su propio negocio. Comprendí como trabaja el sistema económico en El Salvador. Un tema recurrente es la continua explotación de los pobres.

Encontré a innumerables campesinos tan desesperados que creían que un "americano" como yo les podía dar dinero para obtener una visa o ayudarles a encontrar a sus hijos e hijas perdidos y seguramente asesinados mientras cruzaban Guatemala y México, arriesgando la vidas para llegar a la "tierra prometida", Estados Unidos.

Después del fin de guerra civil sobrevino un mejoramiento en algunos aspectos de la vida en El Salvador. Los acuerdos de paz condujeron a una reestructuración del ejército y las fuerzas policiales y creó transparencia en términos de derechos humanos. El ex grupo guerrillero, frente Farabundo Martí Para la Liberación Nacional o FMLN, se convirtió en un partido político oficial en 1992. Pero el real poder económico lo mantenían las familias ricas de siempre.

Me detallaron el origen, naturaleza y posiciones de los partidos como ARENA (Alianza Republicana Nacionalista) y del FMLN, de uno de los fundadores del primero Roberto D'Aubuisson y de líderes históricos del segundo como Shafik Handal. Pude entrever el fanatismo de ambos lados y la inflexibilidad en sus puntos de vista políticos.

Pero todavía no entiendo cómo El Salvador se dejó convertir en un experimento de Estados Unidos en su lucha contra el supuesto comunismo.

Los campesinos pobres fueron reclutados por ambos lados. Los soldados campesinos combatían guerrilleros de familias pobres. Las familias salvadoreñas ricas huyeron a Miami, Florida. Muchos de sus miembros siguen viviendo ahí. Ahora sabemos que algunos de los comandantes del FMLN se volcaron al lado de Arena y hasta se convirtieron en sus asesores.

Más de 80,000 salvadoreños fueron asesinados durante la guerra civil. Claro que cada lado justifica su acción. Pero yo no justifico el asesinato de niños o mujeres inocentes, ni de hombres. Ni puedo justificar los billones de dólares que Estados Unidos gastó en el financiamiento militar de El Salvador. Sabemos asimismo que la Unión Soviética tenía mucha influencia y ayudaba a los movimientos revolucionarios a través de Cuba y Nicaragua.

La realidad de la guerra se aparece en toda su crueldad cuando se ven los cuerpos asesinados de niños de cinco años.

El financiamiento estadounidense prolongó la guerra y creó condiciones traumatizantes en la posguerra para quienes sobrevivieron. El conflicto afectó a niños y a jóvenes. Muchos todavía tienen en sus caras el terror de haber sido testigos de tanta brutalidad. Y aquellas familias que pensaban que habían escapado de la violencia cuando llegaron a Los Angeles y Washington D.C., en poco tiempo se dieron cuenta de lo equivocados que estaban. Pronto tendrían que ser testigos de los disturbios de Los Angeles y de la violencia entre las pandillas.

Capítulo seis

Disturbios de Los Angeles, 1992: sigue ardiendo el fuego en Los Angeles

Muchos quisieran olvidar que en 1992 ocurrieron disturbios en Los Angeles. No importa si lo llaman actos de desobediencia civil, levantamiento, rebelión popular o simplemente un disturbio: se perdieron demasiadas vidas. Nadie sabe cuándo volverá a ocurrir. Por eso debemos tomar una vez más en cuenta algunos hechos que contribuyeron a crear los disturbios en Los Angeles.

Después de la sorprendente absolución de cuatro agentes de policía el 29 de abril de 1992, enjuiciados por haber golpeado a Rodney King, un afroamericano, estallaron en toda la ciudad y sus alrededores una serie de violentas protestas, que duraron tres días y tres noches y se extendieron más allá del sur de Los Angeles. El saldo fue de 58 muertos, 2.400 heridos y mil millones de dólares en daños.

Más de 16.000 personas fueron arrestadas, la mitad de ellos latinos y más de un tercio, afroamericanos. El Servicio de Inmigración y Control de Aduanas de Estados Unidos, antes conocido como Servicio de Naturalización e Inmigración deportó a por lo menos 700 personas. Líderes latinos denunciaron que el Departamento de Policía de Los Angeles se había ensañado especialmente con los inmigrantes y violado una orden municipal que prohíbe que la policía intervenga en casos de inmigración.

La Orden Especial 40 fue implementada en 1979 para incrementar la confianza de la población inmigrante en su policía y prevenir la colaboración entre esta última y la agencia federal de inmigración. Durante los disturbios se declaró ley marcial y la autoridad militar tomó control del cumplimiento de las leyes. Los cadáveres fueron subidos a autobuses del tránsito público y transferidos a mortuarias.

Muchos inmigrantes fueron arrestados y deportados sin proceso jurídico. Los innumerables arrestos ocurrieron en su mayoría en vecindarios pobres con altas concentraciones de inmigrantes recientes, especialmente en el sur de Los Angeles.

Existe un estereotipo según el cual los centroamericanos son mayoría en la zona Pico-Union/ Westlake. Este no es el caso hoy, ni lo fue en 1992. Los inmigrantes mexicanos siempre han sido allí mayoría, y no la comunidad centroamericana. Algunos funcionarios electos acusaron a los centroamericanos de haber comenzado los disturbios en Pico-Union/Westlake. Pero en 1992 esta comunidad tenía poca influencia política y por eso se mantuvo en silencio ante las acusaciones, excepto uno o dos salvadoreños cuyas palabras fueron recogidas por los medios de comunicación: Carlos Vaquerano y Roberto Lovato de CARECEN. Ambos defendieron a la comunidad centroamericana pero sus llamados contra la violencia fueron ignorados, ya que los saqueos y disturbios continuaron. Su valentía al defender a su comunidad debe ser reconocida. Especialmente porque la comunidad centroamericana carece de una voz unificada para enfrentar los temas importantes. Esta es la responsabilidad de la nueva generación salvadoreña americana, la de crear nuevos líderes que defiendan a su comunidad con valentía.

Denunciar la colaboración entre "la Migra" y policía por parte de algunos de los líderes de la ciudad no fue suficiente. Lo que se debería haber denunciado eran las violaciones de los derechos civiles en estas comunidades pobres, la falta de recursos económicos hogares adecuados, las altas tasas de desempleo. Estos fueron los hechos, conjuntamente con otros factores, que contribuyeron a los disturbios.

Los residentes del sur de Los Angeles y otras comunidades pobres se cansaron de ser ignorados y acosados por las autoridades. El video de la golpiza de Rodney King era evidencia muy clara del abuso por parte de la policía. La gente se sintió ultrajada cuando un jurado los declaró inocentes y por eso inició los disturbios.

La tienda de mi tío no fue saqueada durante los disturbios de Los Angeles. Sus vecinos afroamericanos aprendieron a respetar a mi tío y su familia porque ellos trataban a sus clientes con respeto. Mi tío no sintió resentimiento hacia los afroamericanos pese a que en la década de los 80 unos pandilleros afroamericanos le pegaron salvajemente. Una de sus hijas se casó con un joven afroamericano del vecindario. Ahora tenemos sobrinos mitad salvadoreños y mitad afroamericanos. Mi tío continúa operando su tiendita en el sur de Los Angeles.

Ellos decidieron quedarse allí. Pero muchísimos comerciantes coreanos decidieron abandonar Los Angeles después de haber sido víctimas durante los disturbios. El conflicto entre los coreanos y los afroamericanos afloró durante los disturbios; con el tiempo, se impuso también la necesidad de examinar las relaciones entre coreanos y latinos en la ciudad.

Al igual que en la comunidad latina, las familias coreanas se distinguen por el trabajo intenso de sus integrantes. Un falso estereotipo dice que los coreanos tienen altos ingresos; sin embargo, muchos de ellos padecen de pobreza y por esa razón conviven en los mismos vecindarios de bajos ingresos con los latinos.

Sin embargo, hay una marcada diferencia entre ambas comunidades, que es el nivel más alto de educación en la comunidad coreana, mientras que los hispanos tienen uno de los más altos índices de deserción escolar y relativamente pocos de ellos obtienen títulos universitarios.

Otro punto en el que coinciden ambas comunidades es que muchos de sus miembros no hablan el inglés. Esto ha atrasado su proceso de integración y participación electoral y en otras actividades cívicas. Además, por haber nacido en otros países y tener acento extranjero, muchos miembros de ambas comunidades sufren de discriminación racial. Las barreras lingüísticas crean obstáculos para obtener servicios del gobierno como la salud, así como programas educativos, y obviamente también profundiza los problemas de comunicación entre coreanos y latinos.

Es cierto: no existe mucha comunicación entre ambas comunidades, aunque sus líderes y activistas intentan profundizar la convivencia y el conocimiento mutuo. Pero la gente, los vecinos de ambos grupos, por ejemplo, en los apartamentos de alquiler, no han desarrollado una relación. Solo existen miradas poco frecuentes, con rostros serios de silencio.

En las discotecas y bares se nota la total separación de las comunidades. No se mezclan, por las diferencias de lenguaje o por segregación étnica fruto de sus prejuicios culturales.

En la escuela secundaria donde enseñe clases de economía y gobierno he tenido estudiantes coreanos por un lado, y latinos por el otro. No se comunican entre sí. Quizás los jóvenes estén aprendiendo de sus familiares a ignorarse mutuamente. Mi primera experiencia con coreanos fue a comienzos de los ochenta, cuando una familia coreana abrió una licorería en una esquina del sur centro de Los Angeles, en un vecindario predominantemente afroamericano y latino. Al principio eran amistosos y amables, pero cuando empezaron a ser víctimas de robos y asaltos se convirtieron en figuras de hielo. Muchos latinos los ven solo como los dueños de la tienda o liquor store, que se lucran de la clientela del vecindario.

Actualmente, algunas organizaciones como el Korean Youth Community Center (KYCC) y el Korean Resource Center (KRC), trabajan para promover más comunicación entre jóvenes coreanos, afroamericanos y latinos.

Gracias al tipo de interacción directa promovida por organizaciones como estas, muchos coreanos, afroamericanos y latinos se han conocido mejor y establecido relaciones de confianza. Están aprendiendo sobre sus respectivas culturas y se conocen más a fondo como seres humanos, más allá de los estereotipos.

Capítulo siete

El movimiento del medio ambiente

Los disturbios de Los Angeles me enseñaron mucho. Vi como las personas fueron golpeadas, sobre todo inocentes inmigrantes latinos que fueron capturados en el centro de todo. No hablaban inglés y ni siquiera se habían dado cuenta que un disturbio había estallado. Desde entonces, supe que quería dedicarme a asuntos de justicia social.

Cuando trabajé de voluntario en CARECEN, me enteré de la actividad de la Liga de Votantes Pro Conservación Ambiental de California (California League of Conservation Voters o CLCV atravez de un fax que vi y daba información sobre una plaza de trabajo. Aplique y conseguí allí un empleo. Fue una buena oportunidad para un joven muchacho que se crió en el sur de Los Angeles, donde no existen casi o trabajos para los jóvenes.

Yo sería el encargado de sacar el voto latino a las calles y de ayudar a identificar y a capacitar a los nuevos líderes latinos. Yo esperaba que mi idealismo, entusiasmo y preparación académica en Occidental College fuesen credenciales suficientes para que me permitiesen mostrar al mundo que un hombre joven que creció en la adversidad podía ayudar a cambiar la situación. Yo estaba cansado de los estereotipos en contra de los Latinos.

Había aprendido mucho en las clases de Peter Dreier en Oxy, y estaba ansioso en aplicar algunos de los conceptos que aprendí sobre la organización de la comunidad por parte de Saúl Alinsky y la Fundación de Àreas Industriales (IAF), fundada en Chicago.

Los conceptos de la organización de comunidades del IAF son interesantes, como son los de ACORN en particular y del movimiento obrero en general. Se centran en la búsqueda de problemas comunes que afectan a los miembros de la comunidad, y la elaboración y aplicación de estrategias organizativas para promover el cambio social. El Presidente Barack Obama utilizó algunos de estos conceptos en su trabajo como organizador comunitario en Chicago. Las iglesias fueron su base de apoyo. Luego utilizó algunas de las técnicas de recaudación de fondos y de formación de coaliciones que aprendió allí durante su histórica elección presidencial. Obama combinó la organización de poblaciones urbanas con instrumentos de tecnología de alta calidad para llegar con su mensaje a más votantes.

Me dieron la oportunidad de trabajar en el movimiento del medioambiente, donde tuve la oportunidad de aplicar mis conocimientos organizativos. David Allgood, director para el Sur de California de la CLCV, fue un gran guía y consejero, alguien que creía en el poderío de las comunidades pobres. Además, Rampa Hormel, un conocido activista del medio ambiente y filántropo, fue un elemento clave para proporcionar apoyo y financiamiento al Proyecto de Nuevos Votantes.

La primera tarea que recibí fue identificar distritos de la Asamblea, el Senado estatal, y del congreso federal, donde podía organizar y activar el voto latino.

Escogimos los distritos del Valle de San Gabriel, de San Pedro y Long Beach. Decidimos crear un comité con líderes latinos que apoyarían nuestros esfuerzos. Incluimos en él a políticos como el entonces asambleísta y hoy alcalde de Los Angeles Antonio Villaraigosa, el senador estatal Richard Polanco, la senadora estatal y hoy secretaria de Trabajo de Estados Unidos Hilda Solís, asambleístas como Grace Napolitano (ahora Congresista), John A. Perez (quien ahora es Presidente de la Asamblea Legislativa de California), y otros individuos que estaban curiosos de ver lo que los ambientalistas del Oeste harían para recibir el voto latino. Al principio, yo no tenía una estrategia clara, pero la elaboré después de tener numerosas reuniones y estudiar manuales de Get Out The Vote. Decidimos incluir en nuestra práctica mensajes telefónicos directos y bilingües, correo directo bilingüe, difusión mediante los medios de comunicación y reuniones de los candidatos con la comunidad. Viajé a varias ciudades para crear pequeños comités de dirección que ayudaran a reclutar voluntarios.

Decidimos enfocarnos en los votantes latinos que se habían naturalizado recientemente y que apenas se habían registrado para votar. Fue una buena estrategia. Nuestra meta era llegar a entre 5,000 y 10,000 nuevos votantes latinos en cada distrito. Esta estrategia tuvo una fuerte respuesta. Ayudamos a movilizar al 80% de los votantes latinos del área, proporcionando una invaluable ayuda a quienes hoy siguen en sus funciones electas en Sacramento y Washington.

Mi participación en el movimiento ambiental se convirtió en una pasión y mejoró mi capacidad como organizador comunitario. Este entrenamiento también me ayudó a desarrollar una relación con los medios de comunicación. En particular, descubrí que las columnas de opinión en los periódicos influyen en la opinión pública. Me convertí en columnista para el diario *La Opinión* de Los Angeles, el periódico de lenguaje español más leído en Estados Unidos. Mónica Lozano, su directora, hizo crecer el periódico y diversificar a sus lectores. La mayoría de los que leen *La Opinión* son de México y de Centroamérica. Por medio de *La Opinión*, tuve la oportunidad de publicar columnas editoriales enfocadas en asuntos de justicia ambiental.

En la Liga de Conservación, tuve la oportunidad de presenciar el poder que tenía el movimiento ambiental. También descubrí que muchas corporaciones se oponían a cualquier cambio a las regulaciones de protección del agua y el aire que afectaran sus ganancias.

Trabajé para la Liga de Votantes Pro Conservación Ambiental durante cuatro años; me tomó todo ese tiempo entender la desconexión entre los nuevos grupos de justicia ambientalista y los ambientalistas establecidos anteriormente. Muchas de las nuevas organizaciones de justicia ambientalista han sido creadas para luchar por protecciones ambientales para los pobres y las comunidades de minorías. Aunque esa separación está desapareciendo, todavía existe una división de clases entre el liderazgo del movimiento ambiental tradicional y el activismo que surge de la justicia social mediante el cambio ecológico. El número de organizaciones dedicadas a la justicia del medio ambiente ha crecido y su liderazgo en el movimiento general se ha afianzado.

Aprendí mucho de David Allgood, quien apoyaba los derechos de las minorías y había registrado a personas afroamericanas para que pudieran votar durante la década de 1960. También trabajó con Jesse Unruh, el ex-presidente de la Asamblea de California.

Todavía aprecio la oportunidad que se me dio de trabajar en la Liga de Conservación. No fue un fácil porque muchos funcionarios electos latinos abrigaban cierto resentimiento hacia los ambientalistas y me hacían el trabajo difícil cuando me reunía con ellos.

Recuerdo una reunión con la congresista Lucille Roybal-Allard, que comenzó a "sermonearme" sobre como los grupos ambientalistas tradicionales del oeste de la ciudad habían abandonado a las comunidades de minorías pobres del este y el sur de Los Angeles. Era 1996; yo era nuevo en este trabajo. Fue una buena lección sobre como escuchar y aprender. Con el tiempo creció mi comprensión, pero también mi indignación por el hecho que miembros de la comunidad morían a causa de la contaminación del medio ambiente. Conocí a los residentes de Wilmington, Harbor Gateway o Long Beach, que vivían al lado de autopistas y fábricas contaminantes. La incidencia de muerte por cáncer en los pulmones era allí altísima.

Una de las luchas más conocidas por la justicia ambiental fue la valiente batalla de los miembros del Sindicato de Campesinos UFW en los años 70 contra los pesticidas que afectaban la salud de los trabajadores. Algunos de aquellos químicos todavía se usan y continúan causando cáncer y defectos de nacimiento en bebes. César Chávez y Dolores Huerta estaban al frente de esta lucha, para generar el cambio social. Eran los legendarios cofundadores del UFW, un sindicato creado para representar a los trabajadores pobres de la agricultura y luchar por sus derechos. Chávez era un hombre valiente, de integridad, que no le tenía miedo a la estructura del poder porque su dedicación en la batalla por la justicia para los trabajadores de agricultura era total. No buscaba la fama ni la gloria, ni el dinero. Dedicó su vida a la lucha por el cambio social.

Una fascinante organización de justicia ambiental es Concerned Citizens of South Central, cuyos miembros lucharon con valentía y lograron prevenir que la ciudad de Los Angeles ubicara la planta LANCER de incinerar de desechos, en el sur de Los Angeles.

Muchos otros ejemplos se pueden hallar en diferentes estados del país, que enseñan que cuando la gente pobre se moviliza para proteger su medio ambiente, claramente se pueden lograr cambios por medio del trabajo de organizar a la comunidad.

El Concilio de Defensa de los Recursos Naturales o NRDC, la coalición para el Aíre Limpio o CCA, el Club Sierra, las Comunidades para un Mejor Ambiente y otros grupos ambientales menos conocidos, han elaborado estudios que demuestran que los barrios pobres afroamericanos y latinos están más cerca de los depósitos de desechos tóxicos. En estas comunidades también se registra un alto nivel de muertes provocadas por la contaminación ambiental.

De acuerdo con un estudio, llamado Construyendo Comunidades Saludables del Suelo para Arriba, "casi 3 millones de personas en California sufrieron síntomas de asma en el 2001, debido en parte al hecho que 11 de los 25 peores condados de la nación en cuando a la contaminación de ozono, se encuentran en California. En 1996 el riesgo estimado de que una persona desarrolle cáncer en California debido a la exposición de contaminantes en el aire era 310 veces más alto que la meta federal de una persona en un millón. Dentro de California, latinos, asiáticos y afroamericanos tienen un riesgos de contraer cáncer más alto que los blancos a cualquier nivel de ingresos."

Otra vez, las comunidades de bajos recursos son las más afectadas y muchos residentes mueren por los factores negativos para la salud que se acumulan cerca de autopistas y fabricas. Con la CLCV libramos muchas batallas y una importante pieza de legislación se convirtió en ley. Estoy orgulloso de esos cuatro años mágicos. Fue mi primer trabajo serio después de graduarme de la universidad.

Yo era generalmente feliz, pero algo me mantenía preocupado. Peleábamos para proteger nuestro ambiente natural, mientras que nuestra juventud no dejaba de integrarse a pandillas y matarse en las calles de Los Angeles. Batallé entonces con el dilema eterno de los activistas: ¿cuánto tiempo y esfuerzo gastas para salvar al mundo, mientras los miembros de tu propia familia, tus amigos y vecinos mueren en las calles a causa de la violencia en el ambiente urbano?

¿Salvamos a especies en peligro o a nuestra juventud del centro de la ciudad? Personalmente, creo en un término medio equilibrado. Nuestra juventud viene primero porque son nuestro futuro, pero sin aíre limpio o agua tampoco tenemos futuro. Ambos asuntos se deberían tratar seriamente, y en ambas, los pequeños logros son mejores que permanecer sin hacer nada. Por eso decidí crear el Comité de Acción Política Salvadoreña Americana (Salvadoran American Political Action Committee; SAL-PAC). Quería crear una voz para los salvadoreño americanos.

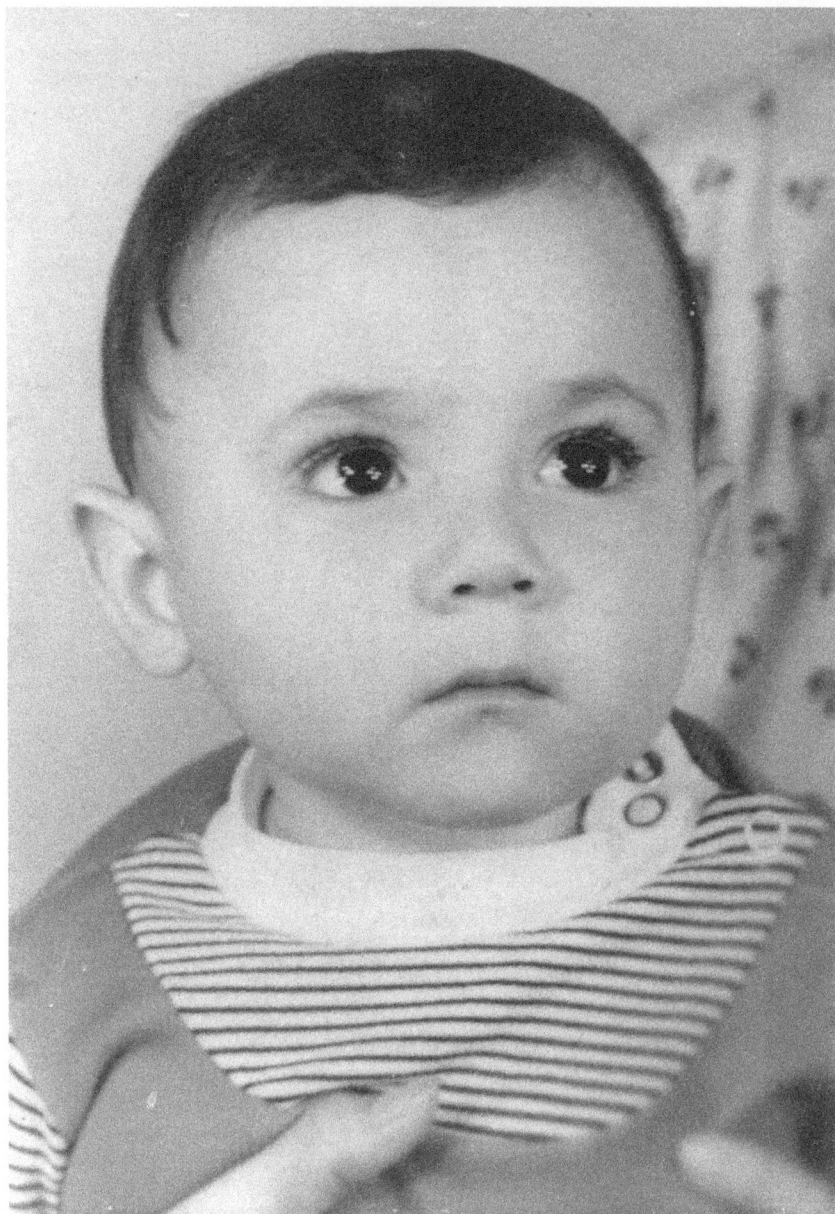

Ocho meses de edad antes de ser deportado a El Salvador.

Cerca del Palacio Nacional en San Salvador.

Tercer grado en la escuela primaria Menlo Avenue en Los Angeles, California.

Capítulo ocho

SAL-PAC y la nueva generación de salvadoreños americanos: Superación de los estereotipos negativos

SAL-PAC representó un esfuerzo para organizar a las generaciones jóvenes de los salvadoreños en Estados Unidos para que se involucraran políticamente y ayudasen a elegir a candidatos políticos que tomaran en cuenta sus intereses como salvadoreños americanos.

Fue una simple idea que se convirtió en esperanza para nuestra comunidad en 1998. La noticia de su fundación apareció en los titulares de los periódicos *Los Angeles Times*, y *La Opinión* y en los noticieros de Univision y Telemundo. La gente estaba curiosa por ver de qué manera estos 10–15 profesionales entusiasmados desarrollaban el comité y se convertían en miembros de su junta directiva. Fui electo presidente y fue una gran experiencia. Dedicamos todo nuestro esfuerzo y tiempo de manera voluntaria. Nos enfocamos en recaudar fondos y en ayudar a candidatos que lo merecían, a quienes aprobábamos después de una entrevista formal. La comunidad de Los Angeles comenzó a prestar más atención a las necesidades de los salvadoreños después de enterarse que SAL-PAC estaba recaudando fondos, alimentando los noticieros y ayudando a sus candidatos.

SAL-PAC solamente existió durante un par de años, pero logramos que nuestra declaración de principios resonara y persistiera en todo el Sur de California. Los centroamericanos eran y son una parte importante en el estado de California. También fuimos capaces de demostrar que teníamos la capacidad de recaudar dinero electoral, y más aún, de movilizar el voto latino. También ayudamos a elegir a personas que no eran salvadoreñas como Lou Correa, del condado de Orange, Alex Padilla, ex presidente del concejo municipal de Los Angeles y actualmente senador estatal, el ex gobernador Gray Davis y el ex-alcalde de Glendale, Gus Gómez.

SAL-PAC creó la esperanza de que podíamos promover cambios en el panorama político del Sur de California. Esa esperanza sigue aún viva, años después de su desaparición. Estos esfuerzos deben replicarse y mejorarse por parte de la nueva generación de líderes salvadoreño americanos. Atravez de SAL-PAC intentamos que fuéramos reconocidos, no solo a nivel local, pero también estatal.

Como he mencionado anteriormente, la realidad es que los salvadoreños y centroamericanos no son, ni han sido nunca, la mayoría de la población en la zona de Pico-Union/Westlake. Este es un mito que ha evolucionado para transformarse en una realidad sin hechos ni pruebas demográficas que la respalden.

Analicemos un hecho. Según la oficina del concejal Ed Reyes, la zona de Pico-Union/Westlake está definida por los siguientes códigos postales: 90006, 90015, 90017 y 90057. Los números revelan que la población mexicana se compone de 52,734 personas en esa área y que la población centroamericana cuenta con 25,868 personas. Por lo tanto, la comunidad centroamericana no es la mayoría. Los salvadoreños son solamente 12% de la población latina en esa área.

Los salvadoreños, guatemaltecos, hondureños, nicaragüenses, panameños, beliceños y costarricenses viven en toda la ciudad de Los Angeles. Cientos de miles viven en el Valle de San Fernando, en el Valle de San Gabriel y en el oeste, sur y sureste de Los Angeles y muchas otras áreas que no son Pico-Union/Westlake.

Los líderes centroamericanos deberían dar prioridad y enfrentar los siguientes temas: la exigencia de una mejor educación pública para sus hijos, el acceso a niveles más altos de educación, la creación de empleos para la comunidad centroamericana, más acceso a cobertura de atención de la salud, la prevención de la adhesión a pandillas entre los jóvenes, la denuncia de la brutalidad de la policía, la protección del medio ambiente urbano y la exigencia para que la municipalidad contrate a más centroamericanos en posiciones clave para las decisiones políticas.

¿Qué están haciendo las organizaciones de la comunidad centroamericana para crear y exigir empleos para los jóvenes centroamericanos? Por el momento muchos están divididos y se peleando por distintas razones y pugnas de poder y protagonismo.

Los líderes centroamericanos necesitan concentrar sus esfuerzos en la verdadera creación de empresas exitosas y empleos, organizaciones comunitarias independientes y con estabilidad financiera que luchen por los derechos de los miembros de su comunidad y la preparación y la formación de futuros líderes centroamericanos que puedan ser candidatos a cargos políticos.

Ahora, hasta algunos líderes centroamericanos creen que los centroamericanos son la mayoría en Pico-Union/Westlake, cuando en realidad ni siquiera esos líderes viven en esa área. Muchos de ellos viven en agradables vecindarios de clase media.

Otro mito que se ha reiterado hasta el cansancio en los medios es que la Mara Salvatrucha (MS 13) se originó en el área de Pico-Union/Westlake. ¿Hay realmente pruebas sobre eso? Ahora hasta a los gobiernos centroamericanos y mexicano les resulta conveniente culpar a la MS 13 de todos los problemas sociales.

El estereotipo que muchas personas tienen, después de leer extensos artículos de noticias en varios periódicos, es que los salvadoreños son violentos y pertenecen a pandillas como la MS13. La mayoría de los salvadoreños son personas muy trabajadoras y ciudadanos decentes que respetan las leyes y que merecen ser respetados. Sólo por haber tenido que soportar 12 años de guerra civil no quiere decir que son todos malvados y violentos.

Los líderes centroamericanos deben luchar por obtener una cobertura justa y equilibrada de su comunidad en la televisión, radio y prensa. Basta de cubrir solamente las noticias sobre las pandillas. Tenemos muchos relatos que son mucho más positivos que los miembros de una pandilla empuñando machetes.

Tenemos testimonios de verdaderas luchas y supervivencia. Historias de una comunidad que ha soportado golpizas, cuchilladas y asesinatos en las calles de Los Angeles mientras caminaban a tomar el autobús para ir a trabajar en las "maquilas" del centro de Los Angeles.

Los centroamericanos han sufrido y pagado el precio para trabajar y vivir en Los Angeles. No hay nada "gratis" para ellos. Pagan miles de millones de dólares en impuestos, pagan el alquiler, la hipoteca y trabajan con mucho esfuerzo para criar a sus hijos y ayudarlos a que puedan alcanzar el famoso sueño americano.

La comunidad centroamericana seguirá en la lucha por una mayor participación y representación política.

Para la verdadera participación, se necesitaría que un centroamericano sea electo para el municipio, del mismo modo que la comunidad mexicoamericana, anglosajona y afroamericana ayudaron a elegir a Ed Roybal al Concejo Municipal de la ciudad de Los Angeles en el año de 1949, allanando así el camino y abriendo la puerta para otros políticos latinos.

El ex concejal y congresista Ed Roybal continúa siendo un héroe y un gran ejemplo, no sólo para los mexicoamericanos, sino también para los jóvenes centroamericanos que viven en toda la ciudad de Los Angeles.

Capítulo nueve

La búsqueda de mis raíces

Después de haber trabajado en la CLCV, pasé al Centro de Recursos Centroamericanos (CARECEN) como Director de Participación Civil. Me interesaba volver a la actividad relacionada con los derechos de los inmigrantes y estar cerca del centro de la ciudad.

La anterior directora ejecutiva de este grupo centroamericano más grande y establecido en los Estados Unidos, Angela Sambrano, tuvo fe en mi capacidad. Angela había logrado elevar a CARECEN a un nuevo nivel, recaudando millones de dólares para una campaña nacional. Ahora, CARECEN posee una sede de tres pisos donde miles de niños obtienen cada año ayuda educativa de tutores y aprenden a usar computadoras. Angela Sanbrano, una mexicoamericana comprometida con la comunidad centroamericana, es un ejemplo perfecto de como un individuo puede trascender su propia nacionalidad y convertirse en un líder para todas las comunidades.

CARECEN y otras instituciones como El Rescate y Clínica Romero se establecieron a principio de la década de los 80, cuando olas de salvadoreños, guatemaltecos, hondureños y nicaragüenses huyeron de las guerras civiles en sus países hacia Estados Unidos. Estas organizaciones y otras como la Asociacion de Salvadorenos (ASOSAL), y el Salvadoran American Leadership and Educational Fund (SALEF) se formaron en el corazón del barrio Pico-Union/Westlake en el centro de Los Angeles. CARECEN también se estableció en otras importantes ciudades, como San Francisco, Houston y Washington D.C. La organización ayudó a miles de refugiados durante más de 10 años. Ahora es conducida por un joven salvadoreño, Marvin Andrade, graduado de USC.

Los abogados de CARECEN han documentado y recopilado un sinfín de historias de horror. Incansablemente, siguen luchando por los centroamericanos invisibles. Durante años, trataron de convencer a las autoridades

49

migratorias que los hombres, mujeres y niños que ellos representaban eran verdaderamente refugiados, y que de ser deportados, muchos de ellos serían asesinados.

El presidente Ronald Reagan y su administración no reconocieron a los centroamericanos como refugiados políticos, porque hacerlo hubiera contradicho su política exterior. El gobierno estadounidense apoyó a los gobiernos militares de la zona, con el objetivo de contrarrestar la influencia, de movimientos comunistas y socialistas, que creían extensa.

El asesinato del sacerdote católico de más alto rango de El Salvador, el Arzobispo Oscar Arnulfo Romero fue planeado. Lo mataron mientras dirigía misa. Una bala penetró su corazón y le quitó la vida.

Cuando yo nací, mi madre quería que Monseñor Romero me bautizara. Debido a conflictos de horarios, ello no fue posible. Mi madre conocio a Monseñor Romero y me cuenta que Romero era un hombre callado y humilde. Se podía ver la inteligencia en sus ojos y la autenticidad en su sonrisa.

Monseñor Romero no murió en vano. Al igual que otros grandes líderes como Gandhi y Martin Luther King, sabía a través de su propia experiencia y extraordinaria sabiduría que la violencia no es una vía para solucionar problemas sociales, políticos y económicos. Pero los tres murieron víctimas de la violencia.

Monseñor Romero sabía que iba a ser víctima de la violencia. Desde temprana edad era talentoso, sensible y con una marcada inclinación hacia la religión. Decidió ser sacerdote católico y se fue a estudiar a Italia. Con el pasar de los años fue nombrado Arzobispo de San Salvador, la posición más alta de la Iglesia Católica en el país.

Durante muchos años, Romero atendió a los integrantes de las familias adineradas. Aún no conocía la cruel realidad en su propio país, las injusticias que ocurrían a diario en El Salvador.

Tenemos que aprender de Monseñor Romero, quien tuvo que regresar a su pueblo y vivir entre su propia gente trabajadora para entender aquella realidad. Su viaje al cantón "Los Naranjos" y muchos otros hicieron que percibiera la cruel problemática de la pobreza e injusticia en su propia tierra.

Esta es una de las lecciones más importantes que ha legado Monseñor Romero. Muchos de nuestros jóvenes que han perdido la esperanza se beneficiarían al conocer su vida. Significaría que Monseñor Romero no murió en vano.

No permitía que le mintieran. Tampoco quería que su pueblo fuera engañado o abusado, ni que se desatara la Guerra Civil en El Salvador. Desafortunadamente, él mismo fue víctima de esa misma violencia que cobró más de 80 mil vidas entre 1980 y 1992.

Han pasado más de 30 años y las palabras proféticas de Romero siguen vigentes. Desgraciadamente, la tierra de El Salvador sigue absorbiendo la sangre tibia de innumerables asesinatos. El país es considerado unos de los más violentos de América Latina. Ojalá que ARENA, el FMLN y demás partidos propaguen la enseñanza de la Guerra Civil: no es necesario utilizar métodos violentos para solucionar ciertos problemas.

Naturalmente, para evitar el uso de la violencia debemos empezar por nosotros mismos. Pero los gobiernos tienen la responsabilidad de ser más justos, para que sus pueblos no reaccionen con violencia a tantas frustraciones, como ocurrió en El Salvador.

Monseñor Romero trató de evitar que la guerra en El Salvador estallase. No era un arzobispo comunista, pero tuvo que soportar esa difamación de parte de las clases pudientes.

Gran parte del pueblo salvadoreño considera a Monseñor Romero como un símbolo heroico, valiente, honesto, que sigue esparciendo fe y esperanza. No han logrado silenciar la voz de Monseñor Romero. Las celebraciones en su honor seguirán para siempre y su legado nunca se olvidará.

El Arzobispo Romero continúa siendo una figura heroica para muchos salvadoreños. Incluso nuestro Presidente de El Salvador, Mauricio Funes, dijo que iba a gobernar con el sentido de justicia de Monseñor Romero. Visitando pueblos pobres percibió directamente la pobreza extrema en la que vivían los niños, hasta la muerte por hambre. También comenzó a ver como el gobierno mataba a algunos de sus propios amigos, otros sacerdotes. Se dio cuenta que el presidente de El Salvador no era su amigo, como él pensaba.

Romero decidió dedicar su vida a buscar igualdad para los pobres de El Salvador. Viajó al Vaticano a pedir la ayuda del Papa. Sus súplicas fueron ignoradas. El día antes de ser ejecutado, el Arzobispo Romero demandó públicamente que los militares dejaran de asesinar a su propia gente, especialmente a civiles inocentes. Los escuadrones de la muerte lo marcaron fatalmente.

La muerte de Romero envió un fuerte mensaje por parte de los militares y llenó de miedo a todos los salvadoreños. Protesta y te matarán. La milicia y la Guardia Nacional fueron hallados culpables de haber secuestrado, violado y asesinado a tres monjas y a una misionera. La situación atrajo la atención internacional a la falta de seguridad personal en El Salvador. El respeto por la vida humana ya no existía.

El gobierno salvadoreño sabía que Estados Unidos no dejaría de mandar ayuda militar. Después del asesinato del Arzobispo Romero, nadie se sentía seguro. Miles de salvadoreños arriesgaron su vida al cruzar Guatemala y México en rumbo a Estados Unidos para escapar la violencia. Muchos de ellos fueron asesinados, violados, asaltados, golpeados, mutilados, en su camino al norte. Huían de su propio gobierno; buscaban seguridad y respeto a la vida. Estaban dispuestos a todo con tal de llegar a Estados Unidos con vida. No se daban cuenta que aquí no eran bienvenidos. Ya llegados a sus nuevos hogares, experimentaron nuevas dificultades

Muchos salvadoreños llegaron a Los Angeles medios muertos. Roque Dalton, un poeta salvadoreño reconocido mundialmente, dijo que los salvadoreños habían sido destruidos después de haber visto tantas muertes sangrientas. Sus mentes habían sido aterrorizadas por las guerrillas izquierdistas y por los batallones militares. Si quieren ver una imagen de lo que ocurrió en El Salvador, lean *Massacre At El Mozote* de Mark Danner. El libro describe la violación y asesinato de una ciudad entera. Hasta el *New York Times* verificó y documentó los hechos horrorosos que ocurrían en El Salvador. El gobierno estadounidense justificaba estas acciones al decir que la milicia peleaba contra el comunismo.

Los niños salvadoreños llegaban aquí traumados y sufrían de depresión. Algunos reaccionaban a situaciones peligrosas con violencia. Otros pelearon en la Guerra Civil como niños soldados o niños guerrilleros. Aprendieron usar los fusiles M-16 o AK-47. Sabían arrojar granadas, cocteles Molotov y hasta mísiles que podían destruir aviones y helicópteros. Eran cosa seria. Quizás eran flacos y pequeños. Quizás parecían miedosos, pero estaban listos para defenderse, para matar, si fuese necesario. Durante la guerra, fueron entrenados y forzados a cometer asesinatos horribles.

Aquí muchos de ellos fueron maltratados por pandilleros y delincuentes comunes. Eran humillados en sus vecindarios y la escuela por su manera de hablar y de vestir. Muchos de estos niños se vinieron por tierra, en trenes, buses, escondidos en carros, y tuvieron que sobrevivir su jornada atravez de México. Muchos de estos niños vieron cosas de pesadilla y fueron maltratados porque eran vistos como "indocumentados" y desprotegidos en México.

Cuando llegaban esto niños a Estados Unidos, aquellos de 10 a 12 años de edad eran fáciles de reclutar en las pandillas de Los Angeles. Otros escogieron unirse a la Mara Salvatrucha (MS13), desarrollando este grupo a sus actuales dimensiones. Muchos de los primeros pandilleros salvadoreños eran *marijuanos* y amantes del rock pesado, el *heavy metal*. Se vestían como los miembros de aquellos grupos musicales y adoptaron el símbolo del diablo, promovido en los vídeos de este estilo musical, como símbolo de su propia pandilla. Comenzaron a portar cuchillos y pistolas. Cuando alguien los molestaba, se defendían sin dudar, con todo y sin piedad.

Los relatos sobre las locuras de la Mara Salvatrucha comenzaron a expandirse por todo Los Angeles. Inicialmente, la Mara se llevaba bien con la pandilla de la Calle 18, pero durante los años 90 comenzaron a luchar entre sí, sea por asuntos de lugares donde se vendía la droga o porque codiciaban a la misma chica. Con el tiempo, algunas de estas versiones se convirtieron en mitología, tanto que en la actualidad es difícil saber qué fue real y qué fue inventado. Hasta el área geográfica donde empezó su acción está en entredicho. Muchos dicen que fue en el barrio de Pico Union por su significado simbólico, ya que albergó a las primeras fuertes olas de refugiados. Otros afirman que realmente comenzó en una escuela intermedia, de todos los lugares, en Hollywood.

Estos niños fueron los pioneros de una organización que llegó a crecer astronómicamente. Posteriormente se adhirieron al grupo adultos que habían luchado en el ejército o las guerrillas. Fueron ellos quienes hicieron que la MS13 vire hacia un rumbo más violento. Los llamaban "los viejitos." Las otras pandillas supieron muy pronto que si se metían con la MS13 se enfrentaban con la muerte. La violencia extrema no era problema: muchos de estos nuevos pandilleros habían sido testigos de lo peor durante la guerra en El Salvador. Algunos de ellos incluso habían sido forzados a matar a miembros de su propia familia.

Durante los entrenamientos iniciales en unidades del ejército, como el tristemente célebre Batallón Atlacatl, eran forzados a comer zopilotes vivos y a beber su sangre. Se convirtieron en personas desalmadas, para quienes asesinar a niños era una mera rutina. Miembros del Batallón Atlacatl fueron hallados culpables de haber asesinado a seis sacerdotes jesuitas, su ama de casa y su hija en 1989.

Todavía niños, al llegar a Estados Unidos fueron rechazados en la escuela. Los trataban sin respeto ni dignidad. Eran simples "mojados." El gobierno federal no les quiso otorgar la residencia permanente. Muchos de estos jóvenes resentían que sus madres o padres los dejaron en El Salvador cuando estaban pequeños. Estos niños/as fueron criados por sus abuelos. Pero muchos empezaron incluso a odiar y tener un enojo tremendo en contra de sus padres y decidieron expresar sus frustraciones atravez de la violencia, en cuanto llegaron a Estados Unidos, especialmente cuando tenían que aceptar una madrastra o padrastro.

Estos jóvenes/niños no entendían que sus padres tenían que dejarlos para poder venir a trabajar en Estados Unidos, para enviarles dinero para que pudieran comer. Miles de madres no querían dejar a sus hijos/as pero no encontraban trabajo en El Salvador y en otros países centroamericanos o Mexico. Tuvieron que dejar a sus hijos y sacrificaron sus propias vidas al venirse por tierra a Estados Unidos. Pero irónicamente, muchas madres perdieron la confianza y amor de sus hijos/as que tenían un resentimiento y enojo increíble porque en sus mentes – estos jóvenes se sintieron abandonados. No entendian que sus madres no quisieron dejarlos. No tenian opcion y que su intencion siempre fue regresar o traerlos después a Estados Unidos. Un joven puede tener éxito aunque solo crezca con su madre – o solo con su padre. Los jóvenes pueden sobrellevar ese reto y tener éxito.

Desafortunadamente, algunos jóvenes tomaron el camino de la delincuencia. Dejaron de ir a la escuela y se acercaron a pandillas como la MS13. Otros se convirtieron en miembros de reconocidas pandillas rivales, incluso si eran dominadas por mexicanoamericanos. Estuvieron en la "White Fence", en "Maravilla", "Florencia 13", "Harpys/Dead End", "Avenues" y otras pandillas de Los Angeles. Algunos salvadoreños se unieron incluso a las pandillas predominantemente afroamericanas Crips y Bloods.

Muchos de ellos se establecieron en otras zonas del centro de Los Angeles, las pequeñas ciudades satélites al sureste , el Valle de San Fernando y otras localidades dentro del condado de Los Angeles.

Sus padres, muy trabajadores, encontraron empleos en maquilas en el centro. Otros se hicieron conserjes, limpiando casas, cocinando en restaurantes . . . todo por un sueldo bajo y sin ningún beneficio. A estos padres les sucedió lo peor: tener que enterrar a sus hijos e hijas muertos en las riñas de pandillas. Una mujer salvadoreña, antigua estudiante mía cuando enseñé ciudadanía e inglés como segundo lenguaje para inmigrantes, perdió tres de sus hijos a la violencia de las pandillas. Esta señora llegaba, incluso mucho tiempo después, a hablar conmigo en mi oficina en CARECEN. Sólo quería que yo escuchara su relato de infinito sufrimiento. Es triste, miles de madres y padres perdieron a sus hijos e hijas por la violencia. Dar clases en el Los Angeles Community Adult School (LACAS) donde Claudine Ajeti era la directora, fue algo maravilloso y aprendí muchísimo de mis estudiantes.

Mi labor en CARECEN se centró en bregar por una reforma migratoria. Pedía una enmienda de la ley NACARA de 1997 que otorgara residencia permanente no sólo a nicaragüenses, sino también a salvadoreños, guatemaltecos y hondureños.

Le exigimos al Distrito Escolar Unificado de Los Angeles (LAUSD) que finalice la construcción del centro de estudios Belmont para los miles estudiantes en los barrios pobres que lo circundaban. La construcción del complejo se dilató por asuntos de seguridad del medio ambiente. Marchamos por las calles, participamos en reuniones públicas de la junta escolar. Finalmente después de muchos años de movilizar a la gente en el LAUSD, los directivos de la mesa de educaron decidieron construir otro complejo educativo, cerca de la zona de Pico/Union/Westlake.

En la actualidad, la secundaria Belmont tiene una alta tasa de deserción escolar. Muchos de sus estudiantes son miembros de pandillas. Debería ser una institución prepare a nuestros jóvenes a tener éxito a un nivel universitario. En cambio, un número alto de estudiantes se convierten en pandilleros que van a parar a la cárcel. La secundaria Belmont no es un paraíso y requiere de cambios profundos para servir mejor a sus estudiantes, muchos de los cuales no se gradúan.

Capítulo diez

Del Sur de Los Angeles al Capitolio en Washington

Me quedé en CARECEN cerca de un año antes de ser reclutado, en el 2000, a trabajar con la Congresista Hilda Solís en Washington D.C. como director de Comunicaciones y Asistente Legislativo. Solís, fue la primera congresista de ascendencia centroamericana en la historia de Estados Unidos: su madre es de Nicaragua y su padre de México. Ahora es la primera latina en convertirse en Secretaria de Trabajo bajo la administración del presidente Barack Obama. Obama generó una respuesta entusiasta al nombrar a Solís a su alto puesto ministerial.

Esta nueva oportunidad me entusiasmó. Había ahorrado suficiente dinero para mi boleto de avión y estaba ansioso por comenzar a trabajar.

Una semana antes del inicio de las sesiones legislativas me mudé a Washington D.C. para ayudar a organizar la oficina de Solís. Arreglé el sistema de teléfonos y ayudé en el proceso de contratación del nuevo equipo. Muchas personas querían trabajar con Solís porque comprendían que aquel era un momento histórico.

Sin conocer los vecindarios de la capital, comencé a buscar un apartamento. Aprendí a usar el sistema del metro de Washington D.C. Allí, me llamó la atención que nadie conversaba dentro de los trenes. Sin saberlo, fui a parar en algunos de los peores vecindarios de la capital.

Exploré otras zonas y busqué apartamentos en Suitland, Maryland. Este vecindario es predominantemente afroamericano. Aproveché una oportunidad que me llegó y me mudé a Adams Morgan, zona conocida como un lugar multicultural, con una gran vida nocturna y multitud de restaurantes.

Los dueños del estudio fueron simpáticos y me alquilaron un lugar pequeño. El alquiler era alto, por el proceso demográfico de inserción de la clase media en diferentes barrios de Washington D.C. De hecho, la demografía de la zona había cambiado espectacularmente durante los 80, cuando muchísimos centroamericanos llegaron a Washington D.C, Virginia y Maryland.

En la actualidad, los salvadoreños son el mayor grupo inmigrante de la capital y en Virginia y Maryland. Hay profesores/as distinguidos como Ana Patricia Rodriguez de la Universidad de Maryland que juegan un papel de mucha importancia para nuestra comunidad, especialmente en compartir nuestra historia y conocimiento. La influencia política salvadoreña comienza a crecer en Virginia y Maryland. Algunos de ellos han sido elegidos para diversos cargos locales: Walter Tejada es el Presidente del Consejo del Condado de Arlington; Ana Sol Gutiérrez es legisladora en la Cámara de Delegados en Maryland y ha servido en la junta directiva escolar. Ella tiene potencial incluso de convertirse en Congresista de Maryland. Tambien, el salvadoreño Victor Ramirez es miembro de la Cámara de Delegados en Maryland.

Pero entre 1980 y 1990, la mayoría de los salvadoreños eran ignorados tanto por parte del Capitolio federal como por las autoridades locales. Los salvadoreños tuvieron que aprender a sobrevivir solos. Grupos de iglesias, CARECEN D.C. (su director actual es el reconocido lider comunitario Saul Solorzano) y el comité de Solaridad con la Gente de El Salvador (CISPES) hicieron todo lo posible para ayudar a los centroamericanos en sus primeros años allí.

Otras organizaciones como el Latin American Youth Center y escuelas Charter como el Next Step Charter School en Columbia Road ofrecen servicios y programas de educación donde les enseñan ingles a jóvenes inmigrantes de diferentes paises como Mexico, El Salvador, Honduras, Guatemala, Republica Dominicana y otros paises. Lita Trejo, es una inmigrante de El Salvador que llego a Estados Unidos en 1979 ahora ayuda a los jóvenes del sur este de Washington D.C. atravez del Next Step Charter School. Tambien una joven salvadoreña Jackie M. Reyes es la directora de asuntos Latinos para el consejal Jim Graham, del Ward 1. Ella aboga para se incluya a la comunidad Latina en asuntos politicos de Washington D.C.

Por coincidencia yo vivía cerca de donde un salvadoreño fue asesinado por un policía de Washington D. C. en 1991. Un motín estalló en la zona de Mt. Pleasant por la relación antagónica el departamento de policía y los recientes inmigrantes. Duró dos días. La insensibilidad cultural y la ausencia de agentes de policía bilingües contribuyeron a esta hostil relación. Nuevamente, los salvadoreños que habían dejado la violencia en su país de origen la volvieron a hallar en Estados Unidos.

Pensar en las protestas de Mt. Pleasant me recuerda los disturbios de Los Angeles en 1992 después de que Rodney King fue salvajemente golpeado por policías del LAPD. Este incidente dio luz a un conflicto prolongado entre la comunidad inmigrante y el Departamento de Policía de Los Angeles. Circunstancias similares existían en el área de Washington D.C.

Es el momento para volver a examinar la cuestión de los disturbios de Los Angeles, que ocurrieron mientras yo era estudiante en Occidental College.

El alcalde Tom Bradley y el jefe de policía Daryl Gates no respondieron adecuadamente al estallido de las manifestaciones. Muchas personas inocentes perdieron su vida aquel día, incluyendo inmigrantes latinos que no sabían lo que sucedía y que fueron golpeados y asesinados por una multitud sólo por haber quedado atrapados en zonas peligrosas. El LAPD y francotiradores de la Guardia Nacional también mataron a muchos civiles, al igual que a saqueadores.

Aquellos días fueron horribles. Mi madre y dos hermanas tuvieron que guarecerse en el apartamento de mi tía. Miles de negocios fueron incendiados, especialmente las tiendas de licores propiedad de familias coreanas.

Los disturbios de Los Angeles desenmascararon la extrema disparidad económica que existe en esta ciudad y evidenció que los funcionarios electos no estaban al tanto de las realidades que vivían los pobres latinos y afroamericanos en el Sur de Los Angeles.

Los coreanos tuvieron que sufrir una terrible hostilidad durante el transcurso de los disturbios. Años atrás, participé en un documental titulado "Wet Sand" (Arena Mojada) producido por DaiSil Kim, quien efectivamente ilustró los sufrimientos de los coreanos y miembros de otras comunidades sufrieron durante los disturbios. En Washington D.C. noté disparidades sociales y económicas similares, iguales a las que hasta el día de hoy continúan en el Sur Centro.

Uno pensaría que luego de haber sido electos a puestos de poder por parte de la comunidad, los funcionarios latinos lo harían todo para el progreso de quien votaron por ellos. Pero en el Capitolio el cuadro era diferente. El grupo (caucus) de legisladores hispanos no estaba unido. Entre el grupo de congresistas hispanos y el afroamericano no se comunicaban lo suficiente. Se me asignó ser coordinador del Comité de Hispanos para la Congresista Hilda Solís, y yo me sentí privilegiado de tener la oportunidad de presenciar sus reuniones. Tengo que señalar que es cierto que cada comunidad tiene sus divisiones internas. Pero en la política nacional, las divisiones son magnificadas y a veces explotadas para fines políticos.

Me enamoré de la grandeza y la riqueza cultural de Washington D.C., pero al mismo tiempo comencé a sufrir la soledad.

Estaba acostumbrado a trabajar directamente con los miembros de mi comunidad y en temas de organización y comunicaciones. Los Angeles me hacía falta. Aunque me encantaba el ritmo vertiginoso del Capitolio decidí regresar a Los Angeles.

Fue una decisión difícil, especialmente porque ya me había acostumbrado a vivir allí. Me había mudado a Alexandria, Virginia. Yo vivía tan cerca del ferrocarril que podía ver los trenes locales y los de la red Amtrak. De noche se podían escuchar sus motores y los silbidos. Me instruí sobre la historia de Alexandria a través de mis vecinos afroamericanos, que eran de Carolina del Sur y Georgia.

Me hizo feliz que la congresista Hilda Solís me hubiese dado la oportunidad de trabajar con ella. Impulsamos el TPS para los salvadoreños cuando los terremotos afectaron a El Salvador. Solís era considerada líder de este asunto y su participación fue reconocida internacionalmente. Además, comprendí como funciona nuestro gobierno federal, y como una propuesta o moción se convierte en ley.

Aprendí sobre la lucha para obtener una reforma de inmigración.

En ese entonces, los demócratas están proponiendo legislaciones que apoyan a muchos grupos religiosos, laborales y latinos por toda la nación, como lo han hecho por varios años. La verdad es que necesitamos una propuesta nueva y mejor de legalización, similar a la aprobada en 1986 bajo el presidente Reagan y el liderazgo demócrata en la Cámara de Representantes. Esa reforma de inmigración (conocida popularmente como la amnistía) ayudó a casi tres millones de individuos indocumentados oriundos de una variedad de naciones a que se convirtieran en residentes legales de Estados Unidos. El presidente Barack Obama tiene una gran oportunidad de emular lo que el presidente Reagan hizo por la comunidad inmigrante. ¿Tendrán los demócratas y republicanos la valentía de hacerlo? De apoyar y aprobar una reforma de inmigración que legalice a mas de 12 millones de personas indocumentadas y que viven en Estados Unidos?

El asunto de la inmigración sigue siendo una cuestión compleja y, a veces, se convierte en un debate intenso donde las emociones llegan al punto irracional e ilógico. Sin embargo, es claro que si el presidente Barack Obama de verdad quiere ser héroe entre los Latinos, ésta es la gran oportunidad que tiene con las comunidades de inmigrantes latina y no latina.

La comunidad de inmigrantes latinos no puede seguir siendo pasada por alto, ni ser vista como un peón de juego por uno u otro partido. Se les debe reclamar cuentas tanto a demócratas como a republicanos, para ver quién es el que nos va a ayudar más. Los hechos hablan mas que las promesas.

Aprendí muchísimo es Washington D.C. y hasta tuve el honor de haber conocido al Senador Ted Kennedy, quien ya falleció. También pude ver de primera mano, como se hacen las leyes a nivel nacional.

Fue muy difícil dejar Washington D.C.

Capítulo once

Como llegué a trabajar para SANN y el Distrito Escolar Unificado de Pasadena

Al regresar al sur de California trabajé para la Red Nacional Salvadoreña Americana (SANN), que incluía a numerosas organizaciones latinas en general y centroamericanas en particular. Aquel mismo año fui padre. Estaba feliz, orgulloso. El propósito de mi vida empezó a cambiar. Ya no me enfocaba sólo en mis necesidades y anhelos. Empecé a entender por qué había escrito tantos artículos de opinión en periódicos nacionales. Escribiendo me siento como el músico que toca su instrumento favorito y entretiene a su público con melodías y canciones. Las palabras expresan mucho poder y pueden inspirar a otros a ser mejores personas.

Después del nacimiento de mi hija empecé a valorar más la vida. Ahora soy protector, guía y modelo para mi hija. Ella es dulce, amable, e inteligente.

Comprendí que escribía para expresarme a través de mi corazón y mi mente; para inspirar a los jóvenes a hacer lo mismo; para que mi hija y otros lean y escriban cuando sean adultos; para que futuras generaciones de salvadoreños americanos estén orgullosos de su historia, patrimonio y cultura.

En la literatura encuentro la felicidad y la libertad. Me siento satisfecho al ver mis propias palabras publicadas y ver que otros responden a ellas. Especialmente quiero llegar a los jóvenes a través de lo que escribo.

Una canción no tiene que ser la más popular para influir en la gente. Me siento de la misma manera con la literatura; es un arte abierto a la interpretación de los lectores. Una carta de amor o un poema romántico pueden crear mucha felicidad. La palabra escrita tiene un gran impacto, especialmente cuando es escrita con pasión.

Tenemos que enseñarles a nuestros estudiantes en los distritos escolares públicos que la lectura y la escritura facilitan el éxito, y que son posibles a través de la dedicación y la práctica. Al mismo tiempo, es importante reconocer a los que son bilingües y que han superado las dificultades que surgen con el aprendizaje de un idioma extranjero.

Se tiene que enseñar a leer y a escribir a una temprana edad, y es nuestra responsabilidad como padres y adultos inspirar a nuestros hijos. De niño no tuve *The Cat in the Hat* u otros libros de Dr. Seuss pero lo descubrí siendo adulto. Me proporcionó una honda satisfacción leer un libro de Dr. Seuss a una clase de primer grado en el Distrito Escolar Unificado de Pasadena.

No he olvidado el primer libro que leí, *Where the Wild Things Are*, por Maurice Sendak. Fue el primer regalo que le di a mi hija. Abrirlo después de décadas me trajo muchas memorias maravillosas. Me transladó a mi experiencia de primer grado en la escuela de Menlo Avenue.

Mi hija ya es apasionada por los libros. Eso también me inspira a escribir. Quiero que mi hija lea lo que yo he escrito y publicado. Espero que un día ella también se motive y que sea apasionada por la escritura. Por el momento, va por buen camino. Tenemos que asegurar que los niños aprendan a leer y escribir correctamente a una temprana edad. Esto les ayudará a obtener los buenos empleos de este siglo.

Los padres deben ayudar a sus hijos a convertirse en lectores y escritores para toda su vida. La música inspira y nos da esperanza; leer y escribir tiene el mismo efecto sobre millones de niños. Sólo hay que ver las caras de los niños cuando al fin aprenden a leer y escribir y reconocen lo que leen y escriben. Sonríen con alegría y se sienten orgullosos de su logro. Es por eso que sigo escribiendo. Quiero que mi hija encuentre alegría y felicidad al leer y escribir. También quiero que otros jóvenes centroamericanos, y latinos en general, aprendan sobre la historia y cultura de los demás. Así desarrollarán el respeto hacia el prójimo y abrirán sus canales de entendimiento mutuo.

Un poco después de haber llegado a Los Angeles desde Washington D.C. ocurrieron los ataques terroristas del 11 de septiembre. Obviamente, fue una experiencia trágica, traumática para todos nosotros. Aquel mismo año uno de mis mejores amigos en Los Angeles, Jaime, murió, dejando atrás sus sueños equitativos, en la que la sociedad acepte a los inmigrantes indocumentados. Jaime me había enseñado mucho. Fue un hombre humilde que luchó por los derechos humanos y la justicia social para los salvadoreños en Los Angeles. Fue un héroe desconocido. Me motivó y me sigue motivando a continuar mi servicio a la comunidad.

Jaimito también me hablaba sobre el ya fallecido líder del FMLN salvadoreño Shafick Handal, uno de los personajes más reconocidos y respetados en los movimientos revolucionarios de Latinoamérica. Claro está que la derecha siempre tuvo una opinión muy diferente sobre él.

Un aspecto que hacía de Handal un personaje aún más interesante es que su familia proviene del Medio Oriente. Sus antepasados emigraron de Palestina a comienzos del siglo XX y se asentaron en Usulután. Allí establecieron negocios que pronto se hicieron prósperos y ganaron una reputación de ser estupendos comerciantes, empresarios y patrones. Como la mayoría de los salvadoreños de aquellos orígenes, Handal es de los llamados "turcos" del país centroamericano.

Los seguidores de Handal todavia lo defienden como un líder legendario, mientras que sus detractores lo describen como un ortodoxo que pertenecía al pasado histórico. Handal siempre reconoció que se le percibía como hombre de la extrema izquierda.

El Salvador estableció un precedente histórico en 1992 cuando la derecha y la izquierda firmaron los Acuerdos de Paz y Shafick Handal jugó en ello un papel protagónico, por sus negociaciones con el entonces presidente Alfredo Cristiani, de ARENA.

Jaimito me enseñó que uno debe ser apasionado y creer en lo que decida hacer. Me llenó entonces de orgullo el trabajo que hice para SANN: bregamos por la reforma migratoria y logramos defender la renovación del TPS. También ayudé al Departamento de Inmigración a acelerar la revisión de las solicitudes de NACARA. Logramos unir a organizaciones comunitarias de todo Estados Unidos para trabajar conjuntamente por nuestras metas comunes. Algunos individuos no querían apoyarnos y crearon otros grupos, pero aquellos grupos se desintegraron. Algunos otros grupos se parecen en nombre – pero son distintos.

Trabajando en SANN viajé a Washington D.C. y a El Salvador para promover una política que podía mejorar las vidas de los centroamericanos en Estados Unidos. Tuve la oportunidad de organizar un viaje a El Salvador con la congresista Hilda Solís. Allí ella conoció a parte de su familia y luego descubrió sus antecedentes familiares en Nicaragua.

SANN no pudo obtener más fondos; la asistencia monetaria que recibía por parte de la Fundación Ford era por un sólo año. Comencé a buscar otro trabajo.

Se me ofreció la posición de Director Asistente de Comunicaciones y Relaciones Comunitarias en el Distrito Escolar Unificado de Pasadena (PUSD). Ramón (Ray) Cortines es uno de los mejores superintendentes escolares que PUSD ha tenido jamás. Hoy encabeza el LAUSD, Distrito Escolar Unificado de Los Angeles, el segundo más grande del país con 700,000 alumnos; es indudablemente uno de los superintendentes más respetados del país y un educador destacado. Ahora tenemos como Superintendente de PUSD a Edwin Diaz, quien está intentando hacer lo mejor que puede para mejorar el distrito. Esperamos que logre desarrollar la educación pública para los niños de Pasadena, Altadena y Sierra Madre.

En aquel entonces yo estaba muy interesado en trabajar para el PUSD. Allí aprendí a perseverar y no darme por vencido a pesar de los obstáculos que enfrentaba todos los días. Yo quería profundizar mi desarrollo profesional y el PUSD era el lugar ideal para ello. Me había comprometido a dejar una huella y a mejorar la imagen del distrito. Sin embargo, después de varios años de lucha las prioridades de este distrito escolar cambiaron y me separé del puesto en el 2005.

Aprendí muchísimo atravez de mi trabajo en Pasadena. Me di cuenta que hay un alto porcentaje de jóvenes que desertan y no terminan sus estudios, especialmente los estudiantes Latino y Afro Americanos. No es todo color de rosas en Pasadena. Hasta descubrí que hay un alto porcentaje de niños huérfanos y familias desamparadas, sin techo permanente.

Necesitamos hacer algo más para solucionar el problema de las personas sin hogar.

Los índices de personas sin techo continúan subiendo en Estados Unidos, y ahora es más que nunca debido a la grave crisis económica que enfrentamos.

Nuestro presidente planteó el problema y lo reconoció en una conferencia de prensa. Es necesario reconocer que su respuesta fue compasiva.

"Parte del cambio en actitudes que quiero ver aquí en Washington y en todo el país", dijo el presidente, "es creer que es inaceptable que haya niños y familias sin un techo sobre sus cabezas en un país tan rico como el nuestro".

En la actualidad las familias son el 34% de la población sin techo, y uno cada 50 niños no tiene un hogar en Estados Unidos, según el Centro Nacional para Familias sin Techo.

La población sin un hogar es desproporcionadamente de grupos minoritarios, 43% afroamericanos y 15% hispanos, según el centro. Y los rostros de los sin techo son cada vez más jóvenes, especialmente en la comunidad latina.

Muchos de los padres latinos que terminan sin vivienda no hablan inglés, y a muchas veces no saben dónde buscar ayuda. Además, algunas organizaciones que trabajan con problemas relacionados con las personas desamparadas no saben cómo llegar a ellos.

Para nuestros niños, no tener un techo es especialmente trágico.

Les preocupa dónde dormirán en la noche. Les preocupa su seguridad, y la de sus padres.

Con frecuencia sienten vergüenza y mantienen su problema en secreto, sin que sus maestros y los funcionarios escolares lleguen a saberlo.

Muchos tienen dificultades para concentrarse en sus tareas académicas y no pueden hacer sus tareas escolares debajo de un puente o hacinados en habitaciones de motel baratas y malolientes, donde las actividades ilegales son moneda corriente.

Estos estudiantes usualmente se trasladan de un distrito escolar a otro, en ocasiones varias veces al año, lo que hace que les resulte aún más difícil aprobar el grado.

Como contribuyentes, debemos exigir que nuestro gobierno ayude a aliviar este problema.

En vez de solo salir al rescate para salvar innumerables organizaciones financieras, automovilísticas y de seguros, nuestro gobierno también debería ayudar a los niños sin techo que se encuentran entre nosotros. Invertir en esos niños nos costaría apenas una fracción de lo que nos está costando el rescate de las corporaciones en Estados Unidos. Y tenemos la obligación moral de hacerlo.

No es posible seguir tolerando por más tiempo el financiamiento insuficiente que se otorga para ayudar a los niños y las familias desamparadas.

No hay que seguir ignorando el problema de las personas sin techo. No se puede hacer de cuenta que los niños están bien cuando no tienen un techo.

Ellos existen. Y es nuestra responsabilidad para buscar soluciones a este problema monumental.

Capítulo doce

¿Cómo ganar una elección en Maywood, en el sureste de Los Angeles?

Después de terminar mi labor con el Distrito Escolar Unificado de Pasadena, la Liga de Votantes de Conservación de Los Angeles (LALCV), me contrató como asesor. Mediante arduo trabajo y con la ayuda de mi experiencia en estimular a los votantes a participar, desarrollamos en la ciudad de Maywood una campaña electoral sin precedentes. La Liga de Votantes de Conservación de Los Angeles apoyó a los candidatos que representaban sus posturas y logró una importante victoria para el mejoramiento del medio ambiente.

La ciudad de Maywood es una de las más pequeñas y sobrepobladas de California. Aunque es minúscula en términos geográficos, no puede ser ignorada porque ha atraído la atención de los medios de comunicación. Allí fue donde los ambientalistas hicimos historia al enfrentarnos a intereses políticos que se oponían a la protección del medio ambiente.

Maywood es ahora una prueba que los asuntos del medio ambiente pueden motivar a la gente a votar en altos números con el solo fin de proteger la calidad del aire que respiran y el agua que beben. Demostramos que a pesar de las desventajas iniciales la gente del pueblo, de bajos ingresos, puede movilizarse.

Los asuntos del medio ambiente promovidos por la LALCV incentivaron a la gente de Maywood a votar, a la par que los problemas de brutalidad policial, vivienda inadecuada y la existencia de diferentes plebiscitos en las elecciones de noviembre del 2005.

La protección ambiental es un tema que preocupa e interesa de sobremanera a los latinos de California. La CLCV patrocinó una encuesta en 1996 y encontró que el electorado latino estaba interesado en el aire limpio y el agua potable, al igual que en la construcción de parques seguros.

En 1996 ganamos varios puestos en la Asamblea estatal, Senado estatal y en el Congreso federal para la causa ecológica. A través del Proyecto de Organización de Nuevos Votantes creamos un sistema bilingüe de llamadas telefónicas a votantes y listas de correo directo, además de organizar foros para aquellos candidatos que enfatizaban la protección del medio ambiente. La CLCV ayudó a movilizar a numerosos nuevos votantes latinos. Finalmente, entre el 70% y el 80% de ellos participó en los comicios.

Este modelo utilizado durante el ciclo electoral de 1996 también demostró ser efectivo en la ciudad de Maywood. Se actualizaron las listas de votantes para usar en las elecciones de Maywood en noviembre del 2005. Un grupo de 40 a 50 voluntarios comprometidos que conformaban el grupo Padres Unidos de Maywood (PUMA) ayudaron a operar el sistema telefónico bilingüe y visitaron, casa por casa, las distintas áreas electorales. Identificaron a los líderes de los vecindarios y les entrenaron en cómo alentar la votación. Los medios de comunicación dieron una cobertura especial de las posturas de los distintos candidatos, lo que ayudó a informar a los residentes de Maywood sobre los temas de protección ambiental.

Una acción popular, en particular, ayudó a que los votantes fueran a votar: la legendaria Dolores Huerta, co-fundadora del Sindicato de Campesinos UFW, visitó personalmente la ciudad para prestar su apoyo. Miles de personas salieron a las calles para ver su comitiva. Dolores Huerta es una mujer humilde y una auténtica líder a quien admiro sobremanera. Después de su visita, el entusiasmo y la dedicación de los voluntarios era palpable. Claramente, los residentes de Maywood querían un cambio en el liderazgo del ayuntamiento. Demandaban agua limpia y más parques.

Ahora, la ciudad de Maywood tiene una excelente oportunidad de dirigir de manera creativa los asuntos de limpieza y protección del medio ambiente. La ciudad puede ser la vanguardia del sudeste de Los Angeles en la protección del ambiente y servir de ejemplo para otros municipios de sus inmediaciones.

El caso de la ciudad de Maywood demuestra que los asuntos ambientales tienen eco en los votantes, que pueden estar tan motivados que saldrán a votar por la protección del aire que respiran y el agua que beben. Esta victoria histórica se puede repetir en otras ciudades pequeñas y medianas del condado de Los Angeles y hasta en otros condados del estado. Demostramos que es factible motivar a individuos de bajos recursos para que salgan a votar usando un mensaje de protección ambiental.

Claro, ya pasaron algún tiempo desde esa elección histórica y algunas cosas han cambiado en Maywood. Incluso la membrecía del grupo PUMAS. Es normal que atravez de los años, existan diferencies y pugnas internas. Lo primordial es que se protejan los derechos civiles y que se establezcan nuevos programas para que beneficien a las personas que viven en Maywood. Por ejemplo, se debe construir un escuela en tierra que no tenga contaminación y también se debe seguir exigiendo que se mejore la calidad del agua en Maywood. El agua tiene color oscuro y está totalmente contaminada. El gobierno estatal, federal, y organizaciones ambientalistas deben ayudar a que se solucione este serio problema.

Capítulo trece

El Centro de Acción Social

Varios aspectos de Pasadena me llamaron la atención por mucho tiempo, incluso desde los años de la escuela primaria: por ejemplo, Albert Einstein, que enseñó en Cal Tech, el famoso Instituto Tecnológico de California. Además, yo leía la revista "The Plain Truth", cuyo fundador se mudó a Pasadena. Como estudiante en Occidental College, a veces visitaba esta vecina ciudad. Pero nunca me imaginé que mi carrera me llevaría ahí.

La llamada telefónica que recibí en 2005 era de Gloria Delaney, Presidenta de la mesa directiva de El Centro de Accion Social. Todo sigue vivo en mi memoria. Llamó para preguntarme si yo estaba interesado en el puesto de Director Ejecutivo. Lo pensé por un minuto y respondí que sí. Tengo que agradecer a Becky Retana, que trabajó en el Distrito Escolar Unificado de Pasadena (PUSD), y que había proporcionado mi nombre y me recomendó ante Gloria. Becky y su esposo Reyes Retana han hecho muchísimo por los jóvenes en Pasadena por medio de su organización católica "Los Mutualistas".

Ray Cortines, hoy superintendente del LAUSD en Los Angeles, y Dolores Huerta, también me ayudaron a obtener el trabajo en El Centro. Dolores habló directamente con Gloria Delaney para recomendarme. Siempre le estaré agradecido por ello.

A veces parece que el destino de uno ya está decidido. Los niños que tratan de escapar zonas de guerra aprenden a crear su propio destino porque no hay nadie que les de la mano para ayudarlos. Yo fui afortunado en haber tenido la ayuda de tantas personas maravillosas que me tendieron una mano. A veces la fe religiosa nos ayuda a superar los tiempos difíciles. Dios auxilia a muchos a sobresalir y cumplir las metas más difíciles.

El Centro de Accion Social no se conoce mucho en Los Angeles aunque ya tiene más de 42 años de existencia, entre otras razones porque está ubicado en la ciudad de Pasadena. De hecho, es una de las organizaciones latinas más antiguas de Pasadena y sus alrededores. Se fundó para ayudar a la comunidad latina de bajos ingresos en el Valle de San Gabriel y ha cumplido un papel importante en los asuntos públicos del área.

Existen marcadas diferencias entre chicanos, mexicanos, salvadoreños y el resto de los latinos, pero sus luchas son similares. Los asuntos en común pueden unir a estas comunidades diversas. Es bueno cuando a uno se le acepta y se le respeta como alguien capaz de transcender su nacionalidad o grupo étnico. La aceptación y comprensión son también importantes porque enriquecen nuestras culturas diversas. Sólo tenemos que tener la intención de explorar y conocer a otras comunidades. No nos debemos dar por satisfechos con admirar nuestras propias raíces.

Como director ejecutivo de El Centro, puedo servir como un ejemplo para la juventud y al mismo tiempo ayudar a las personas de la tercera edad. Puedo recaudar fondos para proyectos de gran necesidad, que ayuden a grupos latinos de bajos recursos. Trabajo arduamente en la recaudación de fondos provenientes de varias fundaciones, corporaciones y donantes individuales. Ser líder de una organización requiere una inversión de mucho tiempo y esfuerzos, pero la satisfacción es infinita cuando al final se benefician los niños y sus familias. Me lleno de satisfacción cuando nuestros estudiantes superan sus problemas y se gradúan de la escuela secundaria. Hemos abierto un fondo de becas para aquellos egresados de nuestras secundarias que luego se matriculen en el Pasadena City College, así como en otras instituciones de estudios superiores.

El Centro continuará desempeñando su papel y seguirá mejorando vidas. Al igual que el programa de becas *A Better Chance*, El Centro tiene una sencilla premisa: ayudar a los estudiantes a obtener la mejor educación. Yo tuve suerte; el programa *A Better Chance* realmente me salvó. Ahora trato de ayudar a aquellos que tienen problemas similares a los que yo sufría, porque siento que es mi turno para devolverle algo a mi comunidad, de toda la ayuda que se me dio.

Hay muchas personas que trabajan en los gobiernos de ciudades, distritos escolares y departamentos de policía que están realmente comprometidos con las comunidades más ignoradas de su alrededor. Para ellos, todo mi aprecio. No quisiera que la juventud fuese víctima de negligencia por parte de adultos que trabajan en instituciones financiadas por el contribuyente.

Los niños y sus familias que viven en extrema pobreza en Latinoamérica conocen nuevos problemas cuando llegan a Estados Unidos. Existen aquí increíbles oportunidades, pero parece ser que muchos jóvenes deciden escoger el camino de la ignorancia y el fracaso. No comprenden las consecuencias de unirse a una pandilla, o de abandonar la escuela. El gobierno y las organizaciones de comunidad deben hacer más de lo que actualmente hacen para superar esta problemática.

Tenemos que ayudar a los jóvenes, a través de programas de prevención e intervención, porque todas las medidas de represión y cumplimiento rígido y severo de las leyes criminales han demostrado ser insuficientes. Los grupos comunitarios, funcionarios municipales, distritos escolares, agencias de la ley y nuestro gobierno federal deben cooperar entre sí con el fin de hacer de nuestros barrios lugares más seguros. Debemos crear más programas y oportunidades para nuestra juventud. No pedimos limosnas, sino un apoyo real por parte del gobierno. El Centro agradece a las distintas fundaciones que han sido extremadamente bondadosas con la organización: The California Endowment, Fundación Wellness, Fundación Kaiser, Fundación Ahmanson, Parsons Foundation, Fundación Rose Hills, Pasadena Community Foundation, Fundación McCormick Tribune, Dwight Stuart— Fundación de la Juventud, Fundación Weingart, Fundación Latinos Unidos, Fundación Green, Fondo del Desfile de las Rosas en Pasadena, Fundación Banco de la Unión, Fundacion del Banco de Wells Fargo, Mustangs en Movimiento, Jacobs Foundation entre muchos otros grupos que han sido generosos.

Los fundadores de El Centro de Acción Social crearon un modelo de organización de la comunidad que resistió la prueba del tiempo. Sus funcionarios, ex directores ejecutivos y miembros de la junta han mejorado las vidas de muchísimos niños y personas de la tercera edad.

El Centro de Acción Social desempeña un papel clave en proporcionar asistencia a jóvenes y a personas de la tercera edad. Necesitamos más organizaciones de base comunitaria como El Centro para defender los derechos de las personas de bajos ingresos. Bill Bogaard, alcalde de Pasadena, y Bernard Melekian, quien ahora es ex jefe de la Policía y director del programa COPS (Office of Community Oriented Policing Services en el Departamento de Justicia), entienden claramente la cooperación que debe haber entre el gobierno de la ciudad y las organizaciones comunitarias para mejorar la sociedad. El alcalde Bogaard ha sido y sigue siendo un firme defensor de El Centro de Acción Social.

También es necesario mencionar el gran liderazgo del congresista Adam Schiff, que siempre fue un firme defensor de El Centro. Se necesita obtener fondos para que El Centro de Acción Social pueda a su vez fortalecer sus programas de educación para la juventud.

Siento una profunda gratitud hacia Gloria Delaney y la mesa directiva por haberme dado la oportunidad de ser director ejecutivo de El Centro de Acción Social, el primer director ejecutivo de ascendencia salvadoreña. Gloria Delaney falleció en enero de 2009, pero la mantengo en mi corazón y en mi mente. Ella me ayudó y asesoró; fue justa, firme. La extrañamos. Los miembros de la mesa directiva confiaron en mi experiencia y en mi compromiso de ayudar a los más necesitados.

Mi compromiso en la vida es ayudarles a los jóvenes para que sigan estudiando y para que no tomen el rumbo equivocado y prevenir para que no vayan a terminar en la prisión.

Nuestro presidente electo, Barack Obama, es un símbolo de esperanza y representa un gran optimismo para millones de personas. Sólo espero que no se olvide de los jóvenes hombres y mujeres "invisibles" que se encuentran en las prisiones de EE.UU.

A muchos de estos jóvenes no les brindaron las oportunidades adecuadas para obtener una educación de calidad y también provienen de hogares abusivos. La gran mayoría de ellos vive en la pobreza donde la violencia y la encarcelación es moneda corriente. Algunos de ellos han sido encerrados injustamente debido a pruebas o falsos testimonios de testigos.

Human Rights Watch realizó un estudio en el 2002 llamado "Race and Incarceration in the United States" (Raza y encarcelación en Estados Unidos) en 12 estados y en donde señaló "la permanente y extraordinaria magnitud de encarcelación de minorías y la extrema disparidad en sus índices de encarcelación en comparación con la de los blancos. De un total de 1,976,019 personas encarceladas en instalaciones para adultos, 1,239,946 o 63% de ellas son afroamericanos o latinos, aunque estos dos grupos integran solo 25% de la población nacional".

El presidente electo Obama tiene una tarea monumental por delante al armar un gobierno nuevo, manejar delicados asuntos de política internacional y determinar cómo cumplir alguna de las promesas que realizó durante la campaña.

Entre esos compromisos están mejorar nuestra economía, promulgar más leyes de protección ambiental, crear un mejor sistema de atención médica y defender a los desprotegidos.

Entre esto desprotegidos están miles de hombres y mujeres jóvenes encarcelados, quienes detrás de las frías paredes de la prisión oyeron la elección del primer presidente afroamericano.

Para ellos, la palabra "esperanza" y "oportunidades" son distantes. Sus antecedentes penales probablemente no les permitirán obtener un empleo decente una vez que sean liberados, o incluso tener el derecho al voto.

La mayoría de la sociedad los ha abandonado y la mayor parte de los integrantes de la comunidad por lo general apoya fuertes medidas para el cumplimiento de la ley y las estrategias para castigar a los "indeseados".

Al mismo tiempo, los esfuerzos para la prevención de pandillas y los programas de intervención continúan sin contar con los fondos necesarios. En este aspecto, el presidente electo Barack Obama debe darle prioridad al financiamiento adecuado de los programas para la prevención de la violencia, la educación a los jóvenes y la creación de empleos.

Por otra parte, la ley de "Three-Strikes" (tres delitos y afuera) de California conto con el apoyo rotundo del electorado de California. El resultado de esta legislación son condenas de entre 25 años y cadena perpetua. Sin embargo, la mayoría de estos prisioneros, procesados por esta ley son extremadamente pobres y no tienen voz ni capacidad económica para contratar abogados defensores penales. No defiendo ni justifico actos criminales —pero sabemos que el sistema judicial de Estados Unidos generalmente califica a muchos latinos y afroamericanos como criminales.

Se necesita crear comités de supervisión de ciudadanos que ayuden a auditar y revisar algunas de las decisiones que toman algunos jueces. Igual que ver cómo ciertos casos legales son manejados por los fiscales y los abogados defensores. La supervisión es clave para lograr un mejor funcionamiento del sistema de justicia penal. Estos comités también pueden intentar que se realicen pruebas de ADN para determinar si alguien es culpable o no.

Obama afirmó en su campaña —el cambio debe comenzar desde la base hacia arriba— desde la raíz. Por lo tanto, debemos conseguir organizadores comunitarios y activistas que hagan más énfasis en cómo exigir más recursos que puedan ser a nuestros barrios urbanos carenciados. Lo mismo para implementar programas y servicios de no-violencia que ayudarán a que nuestros hijos permanezcan en las escuelas y no sean enviados a prisión.

Es un hecho que la mayoría de las organizaciones comunitarias, incluyendo Legal Aid Foundation, no se encargan de los casos de defensa penal. Nuestros jóvenes y familias pobres no tienen los recursos económicos para obtener representación legal privada.

Muchos son representados por defensores públicos que se ven desbordados por la cantidad de casos asignados, a veces no tienen experiencia y generalmente están de acuerdo con las decisiones punitivas tomadas por los jueces. En ocasiones esto conduce a que jóvenes inocentes de los delitos por los que son acusados deban cumplir muchos años en prisión injustamente.

Mientras están en prisión estos jóvenes se ven obligados a asociarse con verdaderos criminales y deben aprender a sobrevivir a través de la violencia. Muchos de esos jóvenes aprenden lo que es el odio intenso y salen de la prisión queriendo causar dolor a los demás. Aprenden a no sentir ni querer.

A muchos de estos jóvenes no les enseñó a leer ni a escribir en las escuelas. Otros la abandonaron eligiendo el mal camino, mientras que otros fueron víctimas de los efectos secundarios de la pobreza. Algunos adoptaron una mentalidad de desesperanza, la que dice: "No me importa nada. Igual voy a terminar en prisión o voy a morir pronto".

El presidente electo Barack Obama tiene una oportunidad para continuar inspirando y motivando a nuestros jóvenes, tanto a los que viven en guetos urbanos como a aquellos en las zonas residenciales suburbanas. Es momento de retirar lentamente las tropas del Medio Oriente y comenzar a invertir esos miles de millones de dólares en nuestro sistema de educación pública y apoyar los programas de prevención de pandillas y de la violencia.

Obama puede convertirse en un mejor presidente que John F. Kennedy o Lyndon Johnson, haciendo que la guerra contra la pobreza sea una realidad.

Es un deber cívico defender y exigir que nuestro sistema de justicia penal respete los derechos constitucionales de la juventud afroamericana y latina. Llenar de gente las prisiones no es la respuesta para resolver nuestros problemas sociales.

Capítulo catorce

American Me, The Sopranos, y el National Geographic Channel

Chicanos y *salvatruchas* tienen mucho en común y no me refiero al estilo de vida de las pandillas. Nosotros, los latinos, también tenemos mucho en común con los afroamericanos: especialmente, nuestro pasado de luchas políticas. Hemos hecho frente a la colonización, a la destrucción de nuestras raíces indígenas y a la vergüenza que nos ha causado que los medios de comunicación continúen proyectando a muchos latinos como criminales y sirvientes. Tanto los afroamericanos en Estados Unidos como nuestros antepasados indígenas en América Latina fueron esclavos. Muchos indígenas son forzados a labrar las tierras que antes les pertenecían y les fueron robadas. Muchas tribus indígenas fueron explotadas por los colonizadores españoles para que se pelearan entre ellas, redundando en la mutua destrucción.

Los latinos y afroamericanos que obtienen una buena educación y acumulan experiencia, poder y prestigio deberían comprometerse a ayudar a sus propias comunidades. Además, cada uno de ellos debe deshacerse de la mentalidad del odio a sí mismo. Los latinos y afroamericanos que aprovechan y oprimen a sus propias comunidades deberían sentirse avergonzados y deberían ser denunciados.

Necesitamos más ejemplos positivos en los programas de televisión en lugar de permitir que se siga proyectando estereotipos de latinos delincuentes o ignorantes. No queremos que nuestros jóvenes imiten escenas de películas como "American Me" o que emulen a personajes de televisión como Tony Soprano. Más aún: nuestras jóvenes latinas necesitan más modelos de referencia positivos en la televisión. También ellas suelen ser representadas negativamente como si glorificaran la vida de los pandilleros en programas televisivos, películas de Hollywood y vídeos musicales, tanto en inglés como en español.

El ciclo negativo se perpetúa. De pronto, los jóvenes sueñan con adoptar el estilo de vida que llevan los pandilleros y que fue idealizado en los shows. Los crímenes cometidos por jóvenes miembros de pandillas salvadoreñas empañan la imagen de aquellos salvadoreños que son trabajadores, pagan impuestos y respetan la ley. Los salvadoreños en Estados Unidos viven en California, Texas, Florida, New York, New Jersey, Virginia, Maryland o Washington D.C, y constituyen el grupo más numeroso de latinos inmigrantes en Virginia, Washington D.C., Maryland, la Bahía de San Francisco y el área de Boston.

Los salvadoreño americanos sufren ahora un estereotipo negativo asociado con las pandillas. La cobertura obsesiva de los medios de comunicación también ha contribuido a reiterar una imagen negativa de los salvadoreños.

Debemos enseñarle a la nueva generación de salvadoreño americanos que deben y adoptar la no violencia. Los jóvenes salvadoreños deben aprender las enseñanzas de Mahatma Gandhi, Martin Luther King Jr., César Chávez y el Arzobispo Oscar Romero. Algunos activistas han dado la vida para defender el respeto, la dignidad y la idea de la no violencia. El gobierno de El Salvador debe invertir en la prevención de la actividad de pandillas, programas sociales y la educación pública, para crear profesionales entre los jóvenes de bajos ingresos. De otra manera, el ciclo de la violencia continuará, por la escasez de oportunidades y puestos de trabajo dignos en El Salvador.

Los defensores de los derechos civiles de los salvadoreños americanos tienen el potencial de ayudar enormemente a esta comunidad étnica a lograr el éxito en la sociedad estadounidense. El respeto y la dignidad no se logran asesinando a nuestra propia gente o a víctimas inocentes. En cambio, uno se puede ganar el verdadero respeto por medio de la educación y el aprendizaje de su propia historia y raíces. Esto puede crear una fuente positiva de auto estima y contrarrestar el auto odio (odio propio).

Ya sea mexicanas o salvadoreñas, la formación de pandillas parece compartir un elemento común: la búsqueda de respeto por parte de la sociedad. Las pandillas salvadoreñas tuvieron que lidiar por añadidura con los problemas de convivencia y coexistencia con otras pandillas, afroamericanas y chicanas. Su respuesta fue, lamentablemente, extraordinariamente violenta.

A veces la violencia se perpetúa en el ámbito familiar como corolario de las crueldades vividas durante una terrible guerra civil que inculcó el miedo, la opresión y la ira en los corazones.

El gobierno estadounidense ha estado deportando a los pandilleros a sus países natales, entre ellos El Salvador. Esto contribuyó a un asombroso crecimiento de las pandillas criminales en El Salvador, toda Centroamérica y México. El problema no se ha resuelto: sólo fue exportado.

Los funcionarios electos no parecen tener proyectos concretos para ayudar a los miles de jóvenes salvadoreños que viven en Estados Unidos. Crear posiciones de *zares* de pandillas no es suficiente. Los programas que se centran en la intervención son inmensamente importantes por su capacidad de disuadir a los jóvenes de su propósito de iniciarse en una pandilla. La oficina del Fiscal General del estado de Virginia está empezando a obtener fondos federales para esfuerzos de prevención de pandillas. Es un paso adelante.

Sin embargo, un paso más enérgico en la dirección correcta sería establecer un programa de entrenamiento y creación de empleos para los jóvenes salvadoreños. Un futuro próspero se debe garantizar a través de la educación y el trabajo, no en afiliarse a una pandilla, ni en convertirse en un preso más.

El gobierno, las iglesias, empresas privadas, organizaciones comunitarias y otras entidades deben ayudar a entrenar y crear trabajos para nuestros jóvenes. Debemos hacer esto ahora, o los problemas seguirán proliferando. Debemos arremangarnos y comenzar a ayudar a nuestra juventud ya. No podemos permitir que se pierda otra generación más al azote de la violencia y las drogas.

El programa de televisión, "The Sopranos" tuvo una gran influencia en la mentalidad de los estadounidenses. Proporcionó un cuadro de la mafia italiana americana de una manera interesante, con guiones originales y una retórica que no siempre era políticamente correcta. Nos gustó y al hacerlo caímos bajo el hechizo de los gángsters. Algunos italoamericanos protestaron por la imagen negativa que "The Sopranos" proyectaba sobre su comunidad. Y ahora, muchos jóvenes salvadoreños tratan de imitar ese mismo programa. La película "The Godfather" también jugó un rol prominente en la formación de ideas de los televidentes. Pasaron los años y ahora, los pandilleros salvadoreños demandan una tarifa periódica de los propietarios de pequeños comercios, vendedores ambulantes, o conductores de autobuses en el mismo San Salvador. Tambien la pelicula "Scarface" a influido en las mentes de muchos jóvenes.

Chicanos, salvadoreños, centroamericanos, puertorriqueños, cubanos y dominicanos se enfrentan a la imagen que de ellos se ha creado. A veces caen en la trampa de querer imitar esos estereotipos negativos, volviendo una ficción televisiva, de películas, o de vídeos musicales, en la verdadera realidad. Los productores, directores y actores se enriquecen promoviendo estos estereotipos que exaltan la violencia y alaban a las personalidades negativas y describiendo engañosamente a comunidades enteras.

No digo que todos los jóvenes se van a convertir en miembros de pandillas por mirar a estos programas. Pero es un hecho que las transmisiones influyen en los jóvenes y que muchas veces éstos quieren imitar lo que ven allí, en la televisión y películas.

Muchos chicanos son caracterizados como pandilleros; a los salvadoreños se les caracteriza como capos del tráfico de drogas en programas de televisión como "The Shield". En la película "Training Day", el actor Denzel Washington se refiere a la pandilla salvadoreña Mara Salvatrucha, señalando a unos pandilleros en una escena donde aparece el tráfico de drogas. Es así como Hollywood ahora incorpora a la MS-13 a sus guiones.

Cuando los productores hacen hincapié en esas imágenes, las magnifican y difunden, inevitablemente llevan a los jóvenes a querer emularlas. Debemos exigir que los principales canales de televisión, productores y directores promuevan personajes que crean sentimientos de orgullo y dignidad para los mexicanoamericanos, *chicanos*, salvadoreños, centroamericanos, sudamericanos, cubanos o puertorriqueños. Es hora de dar fin a los estereotipos que se muestran incesantemente en los programas de televisión y que retratan a latinos y afroamericanos como traficantes de drogas y pandilleros especialmente propensos a la violencia.

Tenemos que enseñar a nuestros hijos que deben hacer todo lo posible para convertirse en profesionales asistiendo a instituciones de enseñanza superior, o a escuelas técnicas o de comercio.

Tenemos muy buenos ejemplos. El salvadoreño Mauricio Cienfuegos, ex jugador de las grandes ligas de fútbol en Estados Unidos para el equipo Los Angeles Galaxy y de la selección de su país, sigue siendo una súper estrella entre los latinos. Es un individuo carismático, que ayuda a la comunidad y sirve como modelo a emular.

También debemos reconocer la contribución de la ex senadora estatal, Liz Figueroa, una salvadoreña americana que fue la funcionaria electa de mayor rango en California. Figueroa luchó eficazmente por la protección ambiental, un mejor acceso al cuidado de la salud y otras cuestiones sociales importantes.

Un grupo de artistas reconocidos nacionalmente por sus obras de teatro es Culture Clash. El grupo incluye a un *chicano* y dos salvadoreños. Son una fuente de orgullo latino, están dedicados a ayudar a sus comunidades por medio del humor y el entretenimiento. Se pusieron de acuerdo para presentar una función para El Centro de Acción Social. Fueron maravillosos, y vendimos todos los boletos del show.

También tenemos ejemplos similares en los medios y muchos otros que trabajan arduamente para tener éxito y se distinguen en muchísimas ramas laborales, como maestros, carpinteros, científicos, y artistas. Si hay muchísimo talento salvadoreño en El Salvador y Estados Unidos, está por todo el mundo y muchas veces se desconoce. Por eso yo les digo a los jovenes que escriban sus propias historias.

Por eso mismo debemos asegurar que los profesionales sean modelos positivos y que estén dispuestos a ayudar a sus comunidades como voluntarios, consejeros y guías.

Cuando regresé de niño a Estados Unidos, me gustaba ver el canal National Geographic. Ver allí un lugar mágico rodeado por la naturaleza, arboles, pájaros y colibrís, despertó mi amor por la naturaleza. Más de tres décadas después, me encuentro en otro lugar mágico: el área de Los Angeles y Pasadena. Pero ahora me decepciona que incluso el canal National Geographic ha elegido mostrar a los salvadoreños de acuerdo con un estereotipo.

En un programa de investigación titulado "Las pandillas más peligrosas del mundo", transmitido por National Geographic, se repitió una imagen negativa de los salvadoreños. Se enfocaron en la infame Mara Salvatrucha (MS-13) y de allí obtuvieron ese título. Ahora hay toda una nueva generación de salvadoreños que quiere identificarse con la Mara o *Emesé*. Estos tipos de documentales generan la misma realidad que supuestamente estaban retratando. Los jóvenes sienten que deben imitar e incluso superar en gravedad los actos de violencia cometidos por los miembros de esa pandilla.

Sueño que algún día nos presenten a los salvadoreños en National Geographic, Public Broadcasting Service (PBS) o el programa American Experience, como personas productivas, empresariales, ingeniosas, valientes, como miembros de una comunidad positiva, cuyo arduo trabajo ha contribuido a hacer de Estados Unidos un lugar mejor. Tenemos que seguir promoviendo las contribuciones históricas que han hecho los salvadoreños y que siguen pasando inadvertidas.

También debo señalar un gran acto de valentía que no ha recibido la atención que merece del History Channel, o de otros programas destacados de la televisión: el 16 de diciembre marca el aniversario de la Batalla de las Ardenas en la Segunda Guerra Mundial, cuando las fuerzas aliadas combatieron contra las fuerzas del malvado Hitler, en 1944. Por desgracia, millones de judíos ya habían sido asesinados en toda Europa. Al recordar la valiente lucha contra Hitler, debemos tomar en cuenta el increíble acto de valentía del gobierno de El Salvador, que salvo la vida a más de 40,000 judíos aquel mismo año.

Desde la oficina consular en Ginebra surgió un plan creativo del gobierno salvadoreño, que aceptó otorgar la ciudadanía salvadoreña a judíos húngaros que de lo contrario hubieran sido enviados a campos de exterminación nazis. Los autores de este plan fueron el cónsul general y coronel José Arturo Castellanos y el primer secretario y cónsul honorario George Mantello, cuyo nombre original era Mandel, no hablaba español y nunca puso un pie en El Salvador. Pero era amigo de Castellanos, quien le dio a Mantello su posición de honor en la embajada. Mandel / Mantello se dedicó a dar a conocer las atrocidades de los nazis, y luego propuso que El Salvador ofrezca la ciudadanía a los judíos húngaros. Con el apoyo de Castellanos se convenció al gobierno salvadoreño.

En Budapest, decenas de miles de húngaros judíos obtuvieron de esa manera y tras un muy arduo y peligroso trabajo documentos de ciudadanía salvadoreña sin costo alguno para ellos. Se salvaron. De lo contrario hubieran terminado en los campos de concentración nazis y hubieran sido condenados a una muerte segura.

Gracias a Castellanos y Mantello, El Salvador fue el único país que ofreció derechos de nacionalidad a los judíos húngaros en gran escala durante la Segunda Guerra Mundial. Ambos merecen ser recordados como héroes. Sigamos su ejemplo para ayudar a las personas en nuestro país que se enfrentan con la deportación o la opresión. Por supuesto, los inmigrantes a Estados Unidos que enfrentan la deportación no están en el mismo tipo de situación que los judíos durante la Segunda Guerra Mundial. Pero el ejemplo de ayudar a otros seres humanos independientemente de su nacionalidad es algo que todos nosotros debemos emular de todo corazón.

Es importante recordar las acciones humanas que algunos gobiernos alrededor del mundo han adoptado para proteger al ser humano. El coronel José Arturo Castellanos y George Mantello son dos casos ejemplares de quienes hicieron todo lo posible para ayudar a la humanidad en un momento de la más terrible de las tragedias. Merecen, nuevamente, ser reconocidos y recordados como héroes.

En Los Angeles, salvadoreños y judíos deben crear coaliciones. Debemos enseñarles a nuestros estudiantes el papel que jugó El Salvador durante la Segunda Guerra Mundial. Tenemos que ayudar a nuestros jóvenes salvadoreños a que aprendan más de su propia historia y de como El Salvador ha salvado tantas vidas. Aunque el pasado de El Salvador esté lleno de violencia, su historia va más allá y también está llena de benevolencia y ayuda y amor al prójimo.

El programa de Estudios Centroamericanos establecido en la universidad Cal State Northridge debe ser replicado en otras instituciones universitarias. Nuestros estudiantes deben aprender sobre su propia historia y cultura. La profesora Beatriz Cortez, el profesor Carranza y otros profesores, mejoran la vida de nuestra juventud y preparan con sus enseñanzas a una nueva futura generación de líderes centroamericanos.

También tenemos que aprender de la historia de los aztecas, los mayas y los pipiles. ¿Cuánto tenemos en común? Las diferentes nacionalidades deben dedicarse a construir puentes de respeto y de confianza entre sí: con nuestros hermanos y hermanas afroamericanos, con los del Medio Oriente, con la gente proveniente de Asia y con los anglosajones. Después de todo, todos estamos relacionados de alguna manera a través de nuestros genes.

Los latinos y afroamericanos que obtienen títulos académicos deben regresar a sus comunidades para ayudar a mejorar los lugares donde crecieron. Deben compartir sus conocimientos y experiencias. Deben volver a sus barrios, para servir de guías de jóvenes estudiantes, los futuros profesionales. Se necesita un "Peace Corps" en los centros urbanos de Estados Unidos. Debemos reclutar a estudiantes universitarios con motivación para que trabajen en comunidades de bajos recursos. Pueden organizar campañas para darle una voz a su comunidad. Se pueden enfocar en la creación de empleo y en programas de entrenamiento similares a los del Los Angeles Conservación Corps. De esta manera ayudarán a reducir la participación de la juventud en pandillas y la violencia resultante. Hay que ponerle un alto a la violencia: hay que adoptar una filosofía de la no-violencia.

No debemos permitir que los niños inmigrantes sean maltratados, deportados, golpeados o abusados. Hay que proteger los derechos civiles de todos. Con palabras del fallecido cantante Marvin Gaye "No me castigues con la brutalidad". En memoria de todos los jóvenes y demás gente inocente que fue asesinada, debemos reflexionar y preguntarnos, como él: "¿Qué está pasando?" (*What's going on?*). No podemos rendirnos y aceptar un mundo violento.

Tenemos que cambiar mentes y almas. Necesitamos que nuestros hombres y mujeres se conviertan en "Embajadores de la Paz" en su hogar, en sus comunidades, en las escuelas y sus trabajos. Sin embargo, le corresponde a cada individuo escoger si quiere seguir por este camino. Ser una persona responsable es esencial para alcanzar cualquier meta que uno se proponga.

Capítulo quince

Perseverancia

No es fácil escribir un libro sobre desafíos personales, pero me sentí obligado a compartir algunas de mis experiencias en la vida para que nuestros jóvenes puedan más fácilmente creer en sí mismos y jamás renunciar a sus sueños, incluso cuando aparecen obstáculos insuperables en su camino. No podemos victimizarnos a nosotros mismos.

Mi historia no es la única de lucha: muchos otros niños se han enfrentado a peores experiencias en sus vidas. Sin embargo, aprendí a una temprana edad que la perseverancia es fundamental para el éxito. La espiritualidad ha sido una herramienta poderosa en mi vida. Se puede ser realista y espiritual al mismo tiempo. Haber presenciado las injusticias que ocurrieron en El Salvador y en Estados Unidos, me llevó a querer ayudar a otras personas a mejorar sus vidas. He visto como seres humanos perdían la vida, y ahora quiero ayudar a salvar vidas a través de la acción y en parte a través de la palabra escrita. Espero que algunas de mis experiencias capturen la atención de los jóvenes y que influyan positivamente para que mejoren sus vidas.

Estoy compartiendo la historia de como los niños inmigrantes lucharon y sobrevivieron durante la turbulenta guerra civil en El Salvador y en otros países de Centroamérica. Muchos niños fueron y son víctimas de la violencia, la pobreza y la opresión. Muchos crecieron sin padres. Algunos solo crecierón con su madre y sin padre o vice versa. Los desafíos y las humillaciones que enfrentaron en Estados Unidos se debieron a menudo a su nacionalidad, color de la piel, o incapacidad de hablar inglés. Muchos jóvenes continúan sufriendo porque aprenden de modelos crueles e inhumanos en sus propios hogares, escuelas y comunidades. Algunos adultos son depredadores sexuales y acosan a los niños inocentes. Muchos niños son utilizados como traficantes de droga; sus mismos padres les enseñan a robar y a cometer todo tipo de delitos.

Yo era una "minoría dentro de una minoría", por haber elegido el camino de la "luz" y no el de la "oscuridad." Decidí estudiar y obtener una educación universitaria. Sin embargo, no lo hice solo. Muchas almas caritativas me ayudaron. A pesar de haber seguido por el buen camino, cada día que pasa sigue planteándome una batalla, en la que lucho para mantenerme motivado.

La mezcla de artes marciales y actividades académicas en las que participé –como Explorador en el Departamento de Policía de Los Angeles (LAPD), en *A Better Chance*, y *Outward Bound*– ayudaron a establecer lo que soy hoy. A través del Jui-Jitsu brasileño en la Academia Machado pude mantenerme en buena forma física, mejorar la claridad de mi pensamiento por medio del aprendizaje de las técnicas de bloqueo, y ganar más confianza en general. Espero que otros estudiantes consideren y examinen estos programas en el internet.

Aun siento dolor por aquellos de mis amigos que no pudieron salir con vida de El Salvador o del Sur Centro de Los Angeles. Sé que no es mi culpa, pero comparto el dolor de los recuerdos. Tengo que vivir con esos recuerdos, pero he optado por dejar las experiencias negativas en el pasado y seguir adelante.

Los programas en los que participé son fundamentales para que los estudiantes puedan cambiar su vida y tener éxito. Aunque lamentablemente sólo pueden ayudar a un pequeño porcentaje de estudiantes de minorías, aún es mejor eso a que no exista ningún programa. De hecho, tenemos que hacer más para informar a los jóvenes que existen ciertos programas de ayuda en los cuales ellos pueden participar. Necesitamos que las distintas fundaciones, corporaciones, distritos escolares, gobiernos de ciudades, organizaciones comunitarias, iglesias, agencias de la ley y otras entidades establezcan como su prioridad ayudar a nuestra juventud e invertir en su futuro.

Necesitamos programas de prevención e intervención en pandillas, que sean eficientes y que ayuden realmente a los niños y jóvenes para que se alejen de las pandillas. El Padre Greg Boyle de Homeboy Industries en la zona de Los Angeles, por ejemplo, ha desarrollado un extraordinario modelo de creación de puestos de trabajo que puede ser replicado en otras ciudades. Ha recaudado fondos para crear negocios alimenticios y ayudó a establecer cafeterías y restaurantes, donde ex-miembros de pandillas pueden obtener un empleo. El Padre Boyle también envía a miembros de las pandillas a la escuela vocacional Los Angeles Trade Technical School para que obtengan un entrenamiento relacionado con el trabajo. Ahí se convierten en chefs de cocina y otros oficios prometedores. Su ejemplo se debe seguir en otras ciudades de todo Estados Unidos.

Muchos estudiantes sufren del síndrome de estrés postraumático y depresión debido a los problemas que confrontan en sus vecindarios pobres, donde hay altas tasas de crimen y escuelas ineficientes. La ausencia de oportunidades ayuda a crear desesperanza.

Tenemos que ofrecer una educación de buena calidad a todos los niños de Estados Unidos. Las personas trabajadoras y de bajos ingresos necesitan nuestra atención, ya sea que vivan en el noroeste de Pasadena o en el Sur Centro de Los Angeles. No pueden seguir siendo ignoradas.

Es necesario mejorar el liderazgo encargado del Sur Centro de Los Angeles, una zona plagada por muchos de los mismos problemas que existían en el decenio de 1980, o cambiarlo y elegir otro. La composición demográfica del área ha cambiado: de ser predominantemente afroamericana pasó a ser predominantemente latina. El pandillerismo, los homicidios, venta de drogas, astronómicas tasas de deserción escolar, embarazos de adolescentes y una elevada tasa de desempleo siguen siendo endémicas. Algunos funcionarios electos pensaron en mejorar la situación con tan sólo cambiar el nombre del barrio de "Sur Centro" a "Sur de Los Angeles", pero los problemas subyacentes, que son la pobreza crónica y los bajos niveles de educación, no han cambiado mucho como consecuencia del cambio de nombre.

Algunas de las peores escuelas en el Sur de Los Angeles se encuentran a pocas cuadras de la prestigiosa Universidad del Sur de California (USC). Todavía recuerdo como los guardias de seguridad me preguntaban que hacía en el campus universitario y a veces me pedían de mala manera que me marchase.

Afortunadamente, USC ahora participa más en el acontecer del Sur de Los Angeles, pero aún puede mejorar. El Departamento de Educación de California puede ayudar a las escuelas primarias y secundarias cercanas a la universidad. Puede poner en práctica los planes de estudio. Los profesores y estudiantes de USC pueden participar en la solución sirviendo como tutores de estudiantes de bajos ingresos, miembros de las minorías étnicas, que viven y asisten a las escuelas alrededor de USC.

Algunas de estas actividades o servicios comunitarios ya se están aplicando en algunas escuelas, como el Centro Foshay de Aprendizaje (Foshay Learning Center). Sin embargo, la mayoría de ellas no reciben suficientes fondos del estado, y como resultado, la mayoría de los estudiantes sólo pueden mirar a USC desde afuera y soñar con asistir a esta prestigiosa casa de altos estudios. Las tasas de abandono escolar por parte de los estudiantes que asisten a las escuelas públicas en el Sur Centro de Los Angeles, son inaceptables.

Un estudio realizado por la Universidad de Harvard halló que casi la mitad de los estudiantes de las escuelas secundarias Manual Arts y Jefferson abandonan la escuela antes de graduarse. He asistido a ambas, por lo que conozco la triste realidad en la que viven. Por supuesto, las instituciones de investigación y las estadísticas pueden refutar y cuestionar las tasas de deserción escolar. Es cierto que a veces clasifican un abandono de estudios como ausencia de una clase. Pero es cierto que las tasas de deserción escolar en estas instituciones siguen siendo extremadamente elevadas.

Tenemos que seguir apoyando a los estudiantes del Sur de LA, y ellos deben aprender a ser líderes y demandar sus derechos sociales y humanos. Se requiere una distribución justa de los recursos destinados a las escuelas del centro de la ciudad y un mayor interés en que todos tengan una educación de buena calidad. La juventud del Sur Centro merece profesores y directores más dedicados de los que tiene. No podemos aceptar en los docentes bajas expectativas de antemano ni aceptar un desempeño mediocre. En esta gran lucha, la participación de los padres es también fundamental.

La educación es una cuestión que debe unir a los afroamericanos y latinos. No deberíamos estar compitiendo por las mismas migajas que nos arrojan. Ambas comunidades tienen que trabajar juntas para exigir equidad en la distribución de los recursos.

No debemos, juzgar, condenar, o despreciar a esa gente, especialmente si jamás hemos caminado en los zapatos de los que no tienen esperanza. Algun día podríamos ser nosotros mismos los caídos en el abismo de la desesperación.

Me crié en la turbulencia y fui testigo de la violencia, al igual que miles de otros niños, pero jamás perdí la esperanza. Dejemos de ser cínicos y escépticos para convertirnos en ciudadanos activos.

Mi madre siempre me repetía que fuera original y que no imitara a otros. Es una mujer sabia. Por no desilusionar nunca a mi madre luché incansablemente por una buena educación. No fue un camino fácil. Es más fácil caer en la tentación e involucrarse en actividades negativas, especialmente a través de malos amigos, que seguir insistiendo en ser mejor.

Si aquellos hombres o mujeres jóvenes caen, vamos a ayudarles a levantarse cada vez que caigan, respetando su dignidad.

Capítulo dieciséis

Las lecciones aprendidas, el futuro y una conclusión

No ha sido fácil recordar algunos de los episodios de mi vida, que me he sentido obligado en compartir. Algunas de las mismas cuestiones que enfrenté mientras crecía siguen afectando a miles de otros jóvenes en el Sur Centro de Los Angeles. Muchos todavía viven en vecindarios llenos de drogas, violencia y pandillas.

Algunas de las lecciones que la vida me ha enseñado es que tenemos que aprender de nuestros errores para no repetirlos. Y si los repetimos, cada vez que ello suceda tenemos que profundizar la lección. Tenemos que aprender a perdonarnos y a no vivir sumidos en la vergüenza.

No podemos olvidar o ignorar el pasado completamente, ni olvidarnos de las lecciones que nos dieron el dolor y el sufrimiento. Sin embargo, debemos que compartir esas experiencias de una manera responsable y no permitir ser utilizados por otros.

Algunos programas de "autoayuda" son sólo negocios comerciales que quieren obtener beneficios monetarios explotando el dolor y el sufrimiento de otras personas. Estos programas deben de ofrecer ayuda de salud mental, terapia, y sicologica para sus participantes, a largo plazo. Hay innumerables seminarios de liderazgo que supuestamente nos ayudan a convertirnos en líderes o en mejores personas. Muchos de estos seminarios cobran grandes cantidades de dinero y realmente no les importa el progreso personal de los individuos. Lo que realmente quieren es lucrar de muchas personas necesitadas que estén dispuestas a derramar sus entrañas simplemente para obtener un efímero consuelo. Mucha gente se humilla al salir en la televisión donde exponen sus secretos más íntimos. Luego regresan a sus propias comunidades y nada se resuelve, solo han expuesto su vulnerabilidad. Ahora se burlan de ellos, en lugar de darles la mano, o hacerlos sentirse mejor. Claro, cada individuo tiene la opcion personal para exponerse en estos programas de televisión a nivel nacional. Pero a veces no llega la ayuda cuando estás más necesitado que nunca. Tristemente, muchos individuos que profesan ser nuestros amigos, no lo son verdaderamente - no sienten ningún interés por quien no tiene dinero y que está emocionalmente dolorido. Solo "prentenden" ser amigos. Por esta razon, debemos ensenarles a nuestros jóvenes a que tengan un buen auto estema y confianza en si mismo para que no vayan a ser utilizados por adultos iresponsables.

Esperemos que el presidente Barack Obama invierta en los gobiernos municipales, gobiernos estatales y las organizaciones de base comunitaria que reciben fondos federales. Y que también les pida cuentas. Muchos de ellos deben demostrar que significan un cambio para bien y que verdaderamente ayudan a los jóvenes. Asimismo, los contribuyentes deben saber de qué manera se distribuyen los fondos para diversos proyectos sociales y exigir que los fondos se inviertan realmente en la educación de los jóvenes y otros programas que mejoren nuestros vecindarios, sean pobres, de clase media o ricos.

El presidente Obama nos ha enseñado una lección significativa: que nosotros podemos convertir nuestros sueños en realidad si nos esforzamos lo suficiente, respetamos a los demás y hacemos lo correcto como individuos. Por supuesto, vamos a cometer errores a lo largo del camino, pero tenemos que dejar de lado nuestros intereses egoístas personales y trabajar para hacer la vida de nuestras familias y comunidades más llevadera. La ganancia monetaria crea una felicidad que es parcial.

A veces los miembros de nuestras propias familias cometen errores y nosotros mismos cometemos errores de juicio. A veces, nuestros hijos e hijas se verán tentados a afiliarse a una pandilla o a participar en actividades ilegales, como probar drogas por ejemplo. Tenemos que enseñarles a nuestros niños que involucrarse en actividades ilegales no es una broma y que las consecuencias pueden llevarlos a la destrucción personal e incluso a la muerte.

Haber crecido en el Sur Centro de Los Angeles y en El Salvador no ha sido fácil. Afortunadamente superé las dificultades de aquellos tiempos y sé que todavía puedo mejorar las vidas de los demás. Desconozco donde estaré en el futuro o qué habré logrado en definitiva. Lo único que sé es que trato de mejorar las vidas de algunos estudiantes y otras personas, actualmente a través de mi trabajo en El Centro de Acción Social.

Recientemente viajé a El Salvador y visité a mi abuela. Abracé su cuerpo frágil y evoqué todas las injusticias que se cometieron allí contra el pueblo. También recordé a mi bisabuela quien participó en mi crianza. Todavía siento el dolor de mi pueblo y sus cicatrices, sus miradas de angustia. También veo la hermosura de los niños. Ellos me recuerdan que hay esperanza y que una nueva generación de salvadoreños puede hacer de aquel un mejor país. La nueva generación de líderes salvadoreño americanos en Estados Unidos debe ayudar a motivar a sus propias comunidades para que mejoren. Tienen que tomar sobre sí la responsabilidad personal de ayudarse a sí mismos y a otros. No debemos permitir que más niños sean asesinados y nuestra juventud, encarcelada.

He decidido escribir este libro para aquellos latinos y no latinos que se enfrentan a las circunstancias más difíciles en sus vidas. Unos viven en un hogar con violencia doméstica, otros sufren de abuso sexual, y otros serán presionados a unirse a una pandilla, o se verán tentados a experimentar con drogas. Los valientes optarán por ignorar su ambiente violento y harán una decisión consciente de enfocarse en la lectura, la escritura, de esforzarse en la escuela, para graduarse y seguir sus estudios superiores, o bien obtener un trabajo a través de un programa de entrenamiento técnico.

Tenemos que aprender a no juzgar y a adoptar la filosofía de la no violencia. Lamentablemente, la violencia continúa. Pero vamos a enseñarles a nuestros hijos a respetar a otros que carecen de ayuda, en especial a los que sufren.

Este libro es también para los jóvenes hombres y mujeres que fueron bendecidos por la vida y que no tuvieron que enfrentarse a experiencias terribles, así como para aquellos de nosotros que hemos tenido que enfrentar luchas y dolor en nuestras vidas. A pesar de que cargamos penas y dolor, ésta es una buena oportunidad para deshacerse de ese dolor y caminar libres con la cabeza en alto. Yo les digo a los jóvenes que nunca permitan que los humillen. Desháganse del temor y defiéndanse de las injusticias.